Dossier del proyecto Gay Pop

Rubén Fresneda Romera
Imprime: CreateSpace Independent Publishing
ISBN: 978-1516955176

Rubén Fresneda

gayPOP!

dossier de obra

Català

En algun moment en la vida d'un artista es crea una inquietud exhibicionista, la qual necessita manifestar-se imperiosament sobre un paper, llenç o bloc de pedra.

Mostrar el nu, allò eròtic o el mateix coit solen ser els artífexs d'aquest ímpetu exhibicionista. Trencar amb l'establert, sorprendre, escandalitzar. Només han de recordar alguna de les fotografies de Robert Mapplethorpe. Tal és així, que les ments més obtuses tendeixen ha posar-se les mans al cap dient: Oh, Déu meu! (*Oh my god!*).

Iniciat sota el nom de *Simbolismos fálicos* en 2011 amb una exposició, i ara sota *Gay Pop!*, Rubén Fresneda reprèn les seves inquietuds pel que fa a les manifestacions homoeròtiques. Sempre des d'un punt de vista reivindicatiu.

Per a aquest projecte, l'artista ha necessitat d'un conglomerat d'imatges on recull alguns dels quadres més famosos de la història de l'art fins a imatges extretes del porno. Tenen *Les tres gràcies* de Rubens connotacions lèsbiques?, És una obra masturbatòria de l'època?, Hi va haver un senyoret de companyia al carrer Avinyó?, Per què s'utilitza el sexe per vendre productes?.

En un món industrialitzat, tot s'acaba convertint en un producte, pensat per vendre'l. El Pop Art així ens ho demostra. El pot de sopa Campbell s, el detergent Brillo, l'ampolla de Coca-Cola... Productes habituals, fabricats en sèrie, impersonals, industrials. Però, com es venen aquests productes?. Tots aquests elements industrials necessiten l'artífex de la publicitat per dotar-los d'un contingut que no tenen. Així doncs, el desodorant, un producte destinat per a la higiene diària necessita ser vinculat amb atraure el sexe oposat?

Així doncs el Pop Art és un dels pilars principals d'aquest projecte, on els autors com Andy Warhol o Mel Ramos són presents. També l'artista Antoni Miró, proper a Rubén Fresneda, té molta presència, tant que el nostre artista pren de referència els collages de Miró, i a més a més utilitza molts dels seus quadres, manifestant l'element fàl·lic de les seves obres i aportant una altra visió respecte a l'obra de Miró.

Un altre aspecte del Pop (sobretot espanyol) on Rubén Fresneda també fa ús d'ell, és l'apropiació, tant de pintors, escultors, fotògrafs o logotips. Sempre utilitzant imatges vintage com modernes.

A diferència del Pop Art americà, les obres del Pop Art espanyol posseeixen connotacions reivindicatives, de crítica, on la presència de la història es reflexa en cada obra. Aquesta particular característica del nostre Pop, també és utilitzada per Fresneda, el qual mitjançant el homoerotisme, l'apropiació i l'ús d'un ampli ventall de símbols fàl·lics, manifesta la societat del segle XXI, encara heterosexista, falocèntrica i falócrata. Una societat on la figura de l'home heterosexual predomina per sobre d'altres homes i dones, utilitzant tot un arsenal de símbols fàl·lics, dissenyats per demostrar una suposada pseudo-superioritat. Però aquesta estratagema es torna a la contra en les obres del nostre pintor. D'una banda, en algunes obres posa de manifest aquesta societat encara per millorar. De l'altra, i mitjançant l'ús dels seus mateixos símbols fàl·lics, els torna a la contra. Així doncs, el binomi pistola-genitals com a símbol heterosexista, el tergiversa i li dóna una visió homoeròtica a un personatge com John Wayne que en absolut pretenia atraure altres homes.

D'aquesta manera, *Gay Pop!* es configura com un llibre-catàleg el qual, mitjançant l'ús d'imatges ja existents l'autor ens mostra la simbologia fàl·lica oculta que ens envolta i de com aquesta és la representació del heteropatriarcat masclista, donant-li la volta i convertint-la en una obra reivindicativa homoeròtica, perquè segons el nostre autor, *"El sexe pot canviar el món i els gais encara hem de fer visible la nostra forma d'estimar i viure"*.

Castellano

En algún momento en la vida de un artista se crea una inquietud exhibicionista, la cual necesita manifestarse imperiosamente sobre un papel, lienzo o bloque de piedra.

Mostrar el desnudo, lo erótico o el mismo coito suelen ser los artífices de este ímpetu exhibicionista. Romper con lo establecido, sorprender, escandalizar. Sólo tienen que recordar alguna de las fotografías de Robert Mapplethorpe. Tal es así, que las mentes más obtusas tienden ha echarse las manos a la cabeza diciendo: ¡Oh, Dios mío! (Oh my god!).

Iniciado bajo el nombre de *Simbolismos fálicos* en 2011 con una exposición, y ahora bajo *Gay Pop!*, Rubén Fresneda retoma sus inquietudes en lo que respecta a las manifestaciones homoeróticas. Siempre desde un punto de vista reivindicativo.

Para este proyecto, el artista ha necesitado de un conglomerado de imágenes donde recoge algunos de los cuadros más famosos de la historia del arte hasta imágenes extraídas del porno. ¿Tienen Las tres gracias de Rubens connotaciones lésbicas?, ¿Es una obra masturbatoria de la época?, ¿Hubo un señorito de compañía en la calle Aviñón?, ¿Por qué se utiliza el sexo para vender productos?.

En un mundo industrializado, todo se acaba convirtiendo en un producto, pensado para venderlo. El Pop Art así nos lo demuestra. El bote de sopa Campbell's, el detergente Brillo, la botella de Coca-Cola... Productos habituales, fabricados en serie, impersonales, industriales. Pero, ¿Cómo se venden esos productos?. Todos esos elementos industriales necesitan del artífice de la publicidad para dotarlos de un contenido que no tienen. ¿Acaso el desodorante, un producto destinado para la higiene diaria necesita ser vinculado con atraer al sexo opuesto?

Así pues el Pop Art resulta uno de los pilares principales de este proyecto, cuyos autores como Andy Warhol o Mel Ramos están presentes. También el artista Antoni Miró, próximo a Rubén Fresneda, tiene mucha presencia, tanto que nuestro artista toma de referencia los collages de Miró, y además utiliza muchos de sus cuadros, manifestando lo fálico de sus obras y aportando otra visión.

Otro aspecto del Pop (sobretodo español) el cual Rubén Fresneda también uso de él, es la apropiación, tanto de pintores, escultores, fotógrafos o logotipos. Siempre usando imágenes vintage como modernas.

A diferencia del Pop Art americano, las obras del Pop Art español poseen connotaciones reivindicativas, de crítica, donde la presencia de la historia se refleja en cada obra. Esta particular característica de nuestro Pop, también es utilizada por Fresneda, el cual mediante el homoerotismo, la apropiación y el uso de un amplio abanico de símbolos fálicos, manifiesta la sociedad del siglo XXI, aún heterosexista, falocéntrica y falócrata. Una sociedad donde la figura del hombre heterosexual predomina por encima de otros hombres y mujeres, utilizando para ello todo un arsenal de símbolos fálicos, diseñados para demostrar una supuesta superioridad. Pero dicha estratagema se vuelve a la contra en las obras de nuestro pintor. Por un lado, en algunas obras pone de manifiesto esta sociedad aún por mejorar. Por otro, y mediante el uso de sus mismos símbolos fálicos, los torna a la contra. Así pues, el binomio pistola-genitales como símbolo heterosexista, lo tergiversa y le da una visión homoerótica a un personaje como John Wayne que en absoluto pretendía atraer a otros hombres.

De este modo, *Gay Pop!* se configura como un libro-catálogo el cual, mediante el uso de imágenes ya existentes el autor nos muestra la simbología fálica oculta que nos rodea y de como ésta es la representación del heteropatriarcado machista, dándole la vuelta y convirtiéndola en una obra reivindicativa homoerótica, porque según nuestro autor, *"El sexo puede cambiar el mundo y los gays aún tenemos que hacer visible nuestra forma de querer y vivir"*.

Les coses de l'ésser humà I. Pistoles i "pistoles".
Collage sobre paper. 29,7x21cm 2011
Col·lecció d'Art Contemporani Visible. Madrid, Espanya.

Las cosas del ser humano I. Pistolas y "pistolas".
Collage sobre papel. 29,7x21cm 2011
Colección de Arte Contemporáneo Visible. Madrid, España.

The human being things I. Guns and "guns".
Collage on paper. 29,7x21cm 2011
Contemporary Art Collection Visible. Madrid, Spain.

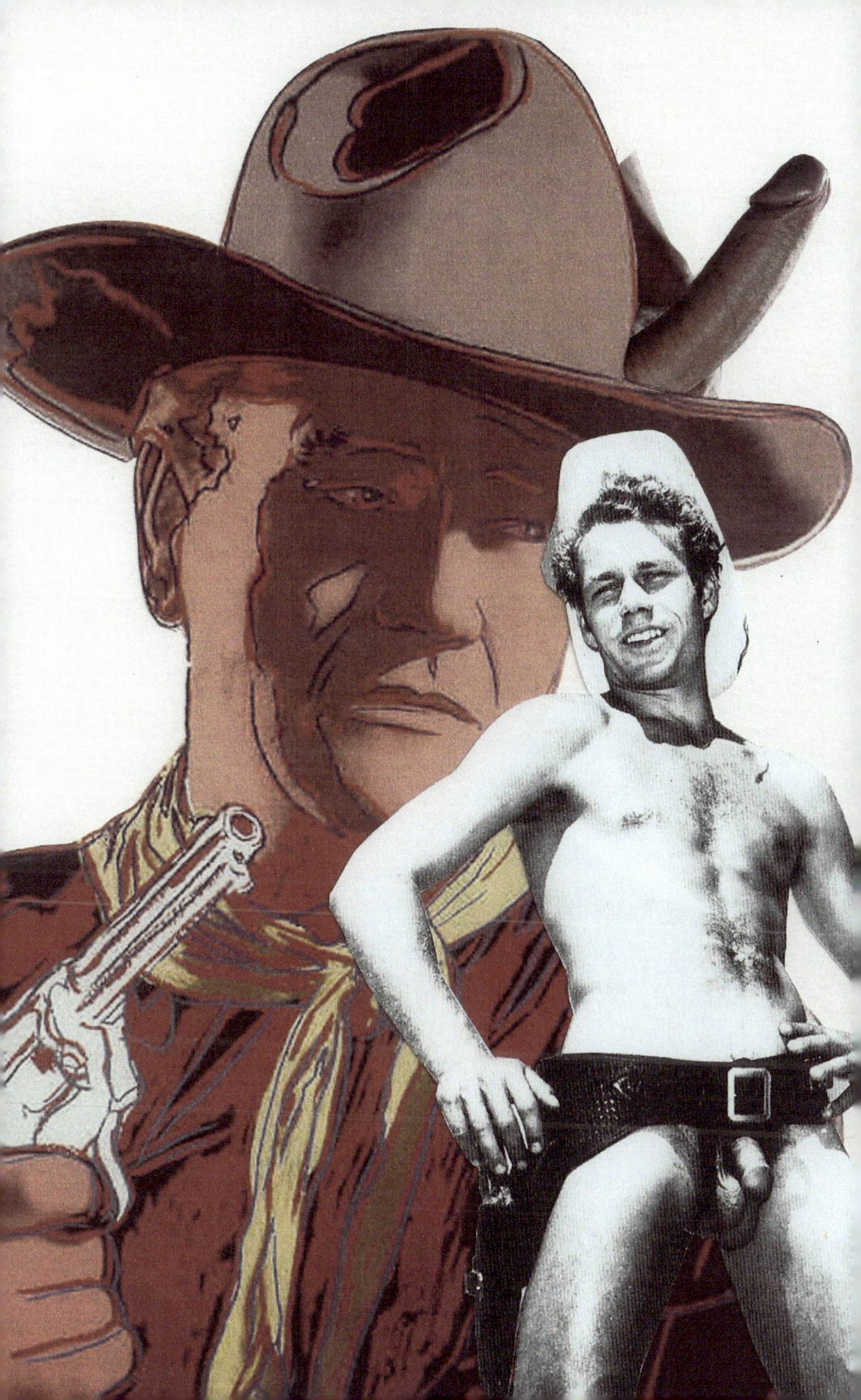

Les coses de l'ésser humà II. Pistoles i "pistoles".
Collage sobre paper. 29,7x21cm 2011
Col·lecció d'Art Contemporani Visible. Madrid, Espanya.

Las cosas del ser humano II. Pistolas y "pistolas".
Collage sobre papel. 29,7x21cm 2011
Colección de Arte Contemporáneo Visible. Madrid, España.

The human being things II. Guns and "guns".
Collage on paper. 29,7x21cm 2011
Contemporary Art Collection Visible. Madrid, Spain.

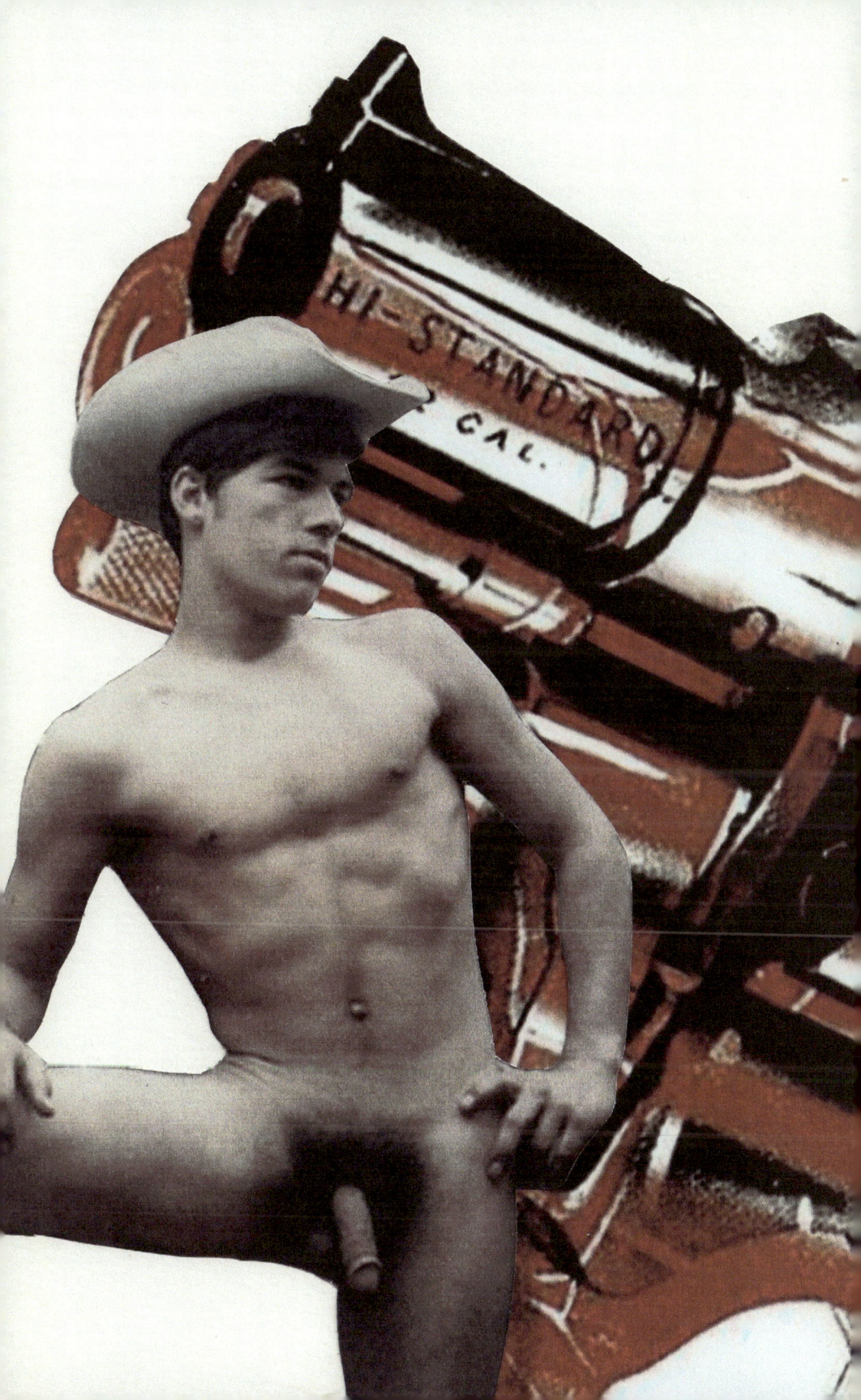

Bananas cowboy I
Collage sobre paper. 30x20cm 2011

Bananas cowboy I
Collage sobre papel. 30x20cm 2011

Bananas cowboy I
Collage on paper. 30x20cm 2011

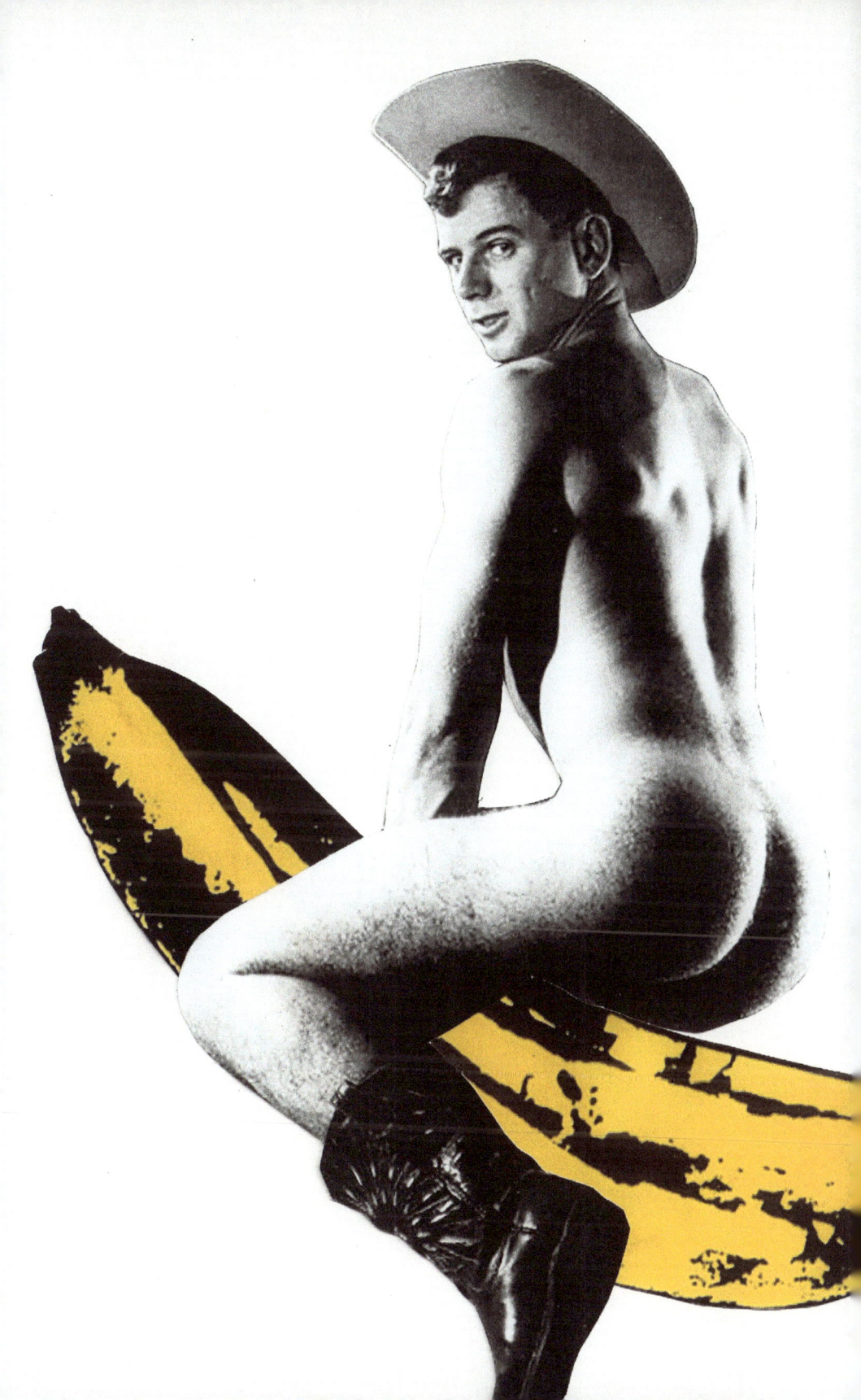

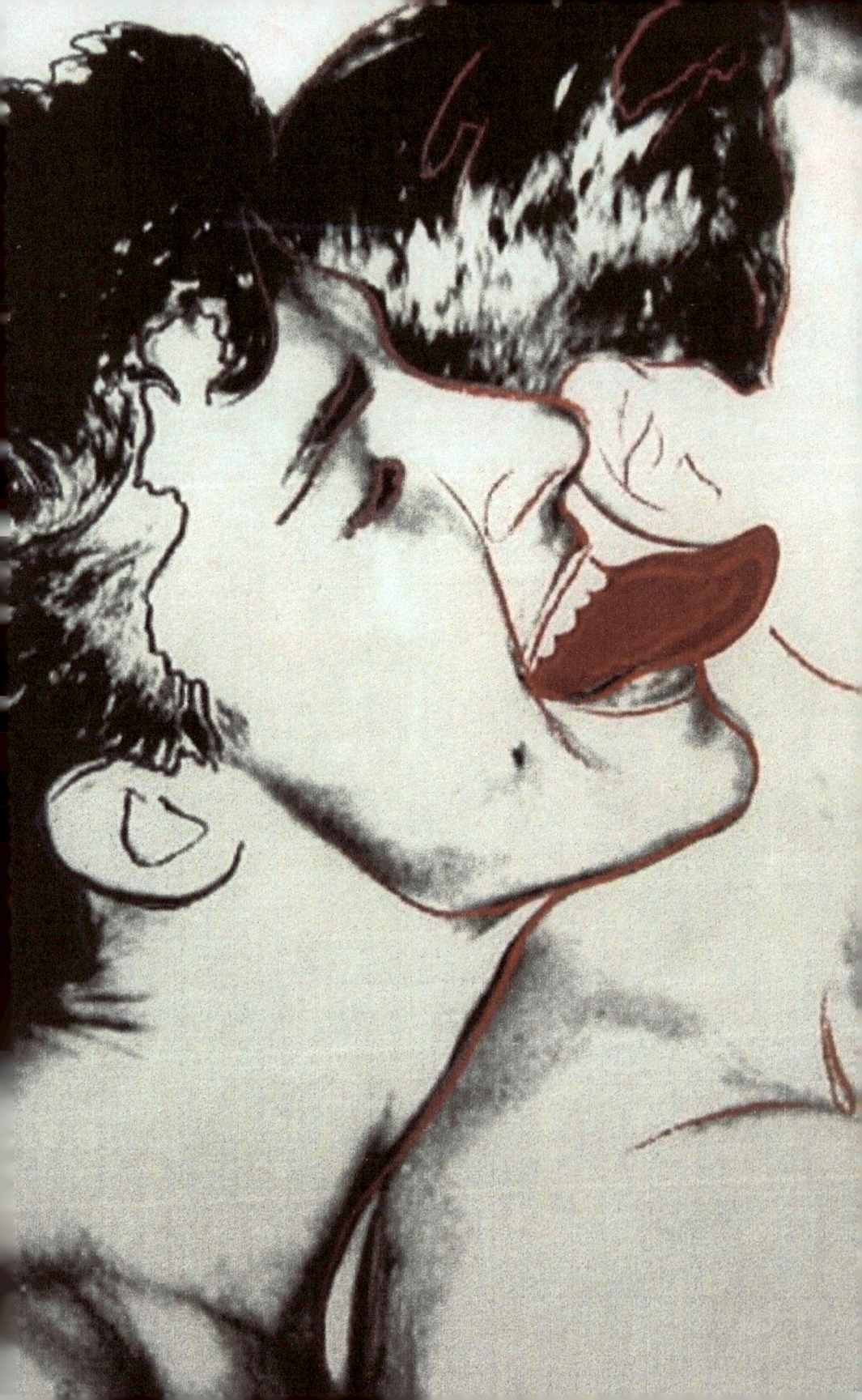

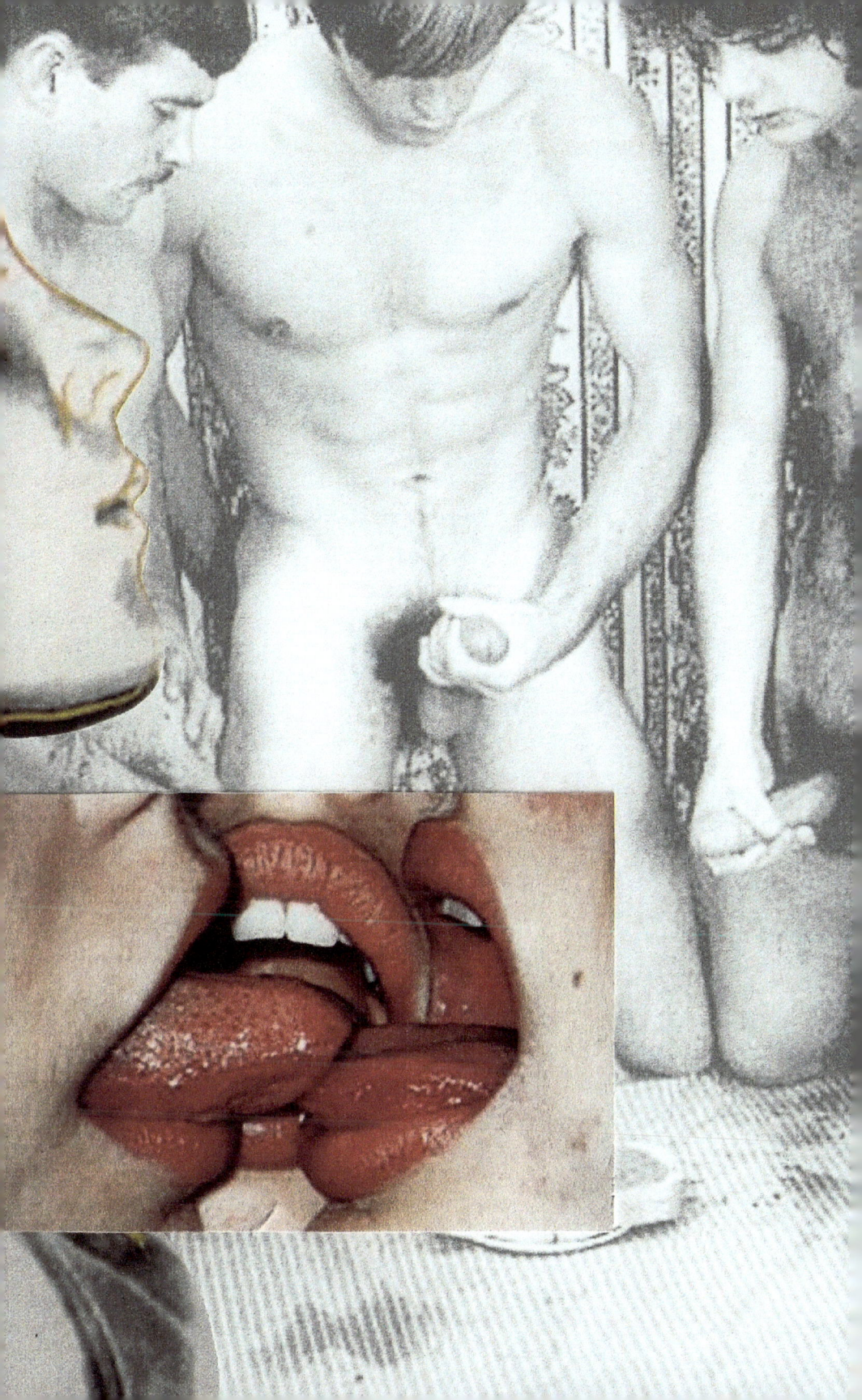

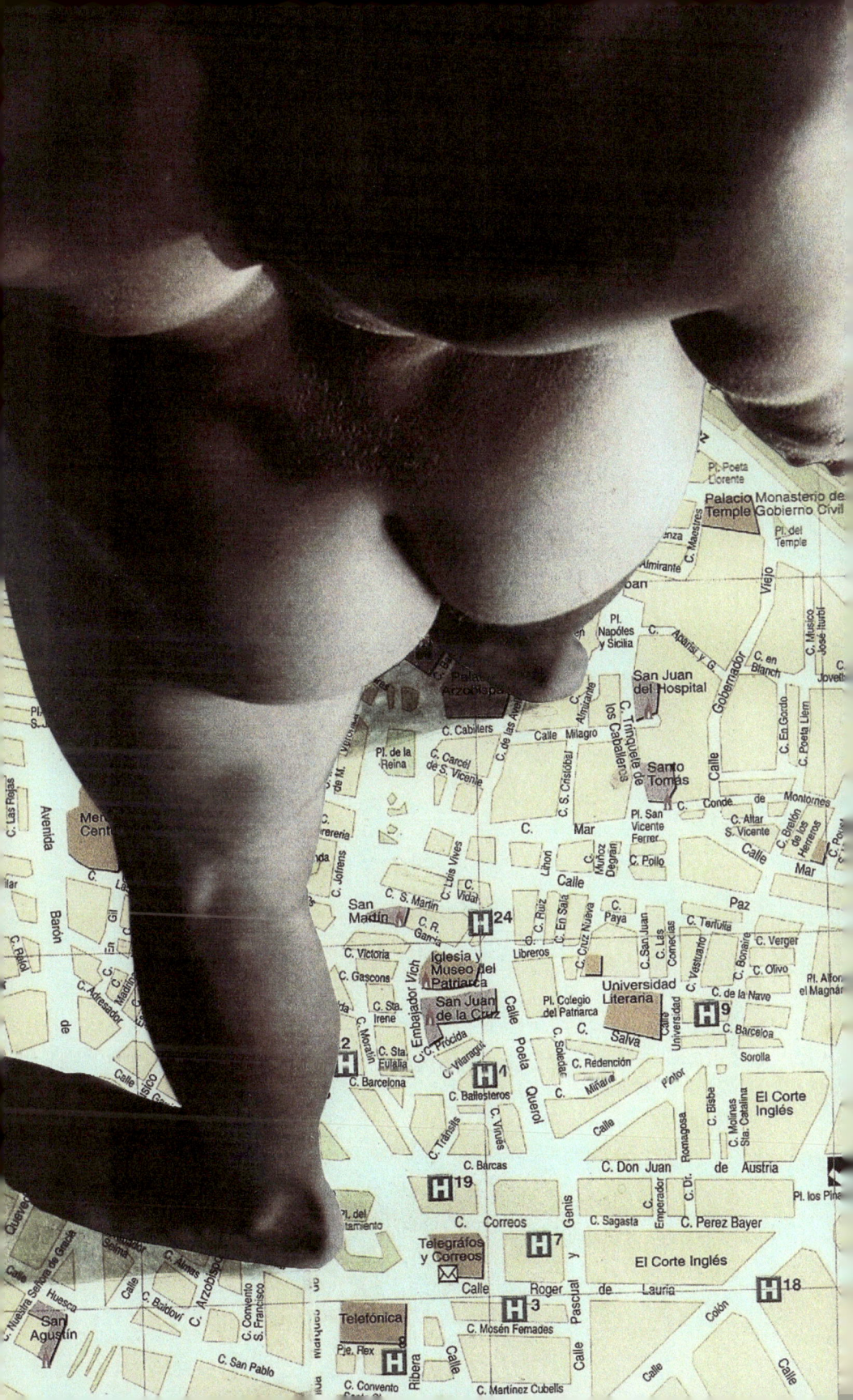

Bananas cowboy II
Collage sobre paper. 30x20cm 2011

Bananas cowboy II
Collage sobre papel. 30x20cm 2011

Bananas cowboy II
Collage on paper. 30x20cm 2011

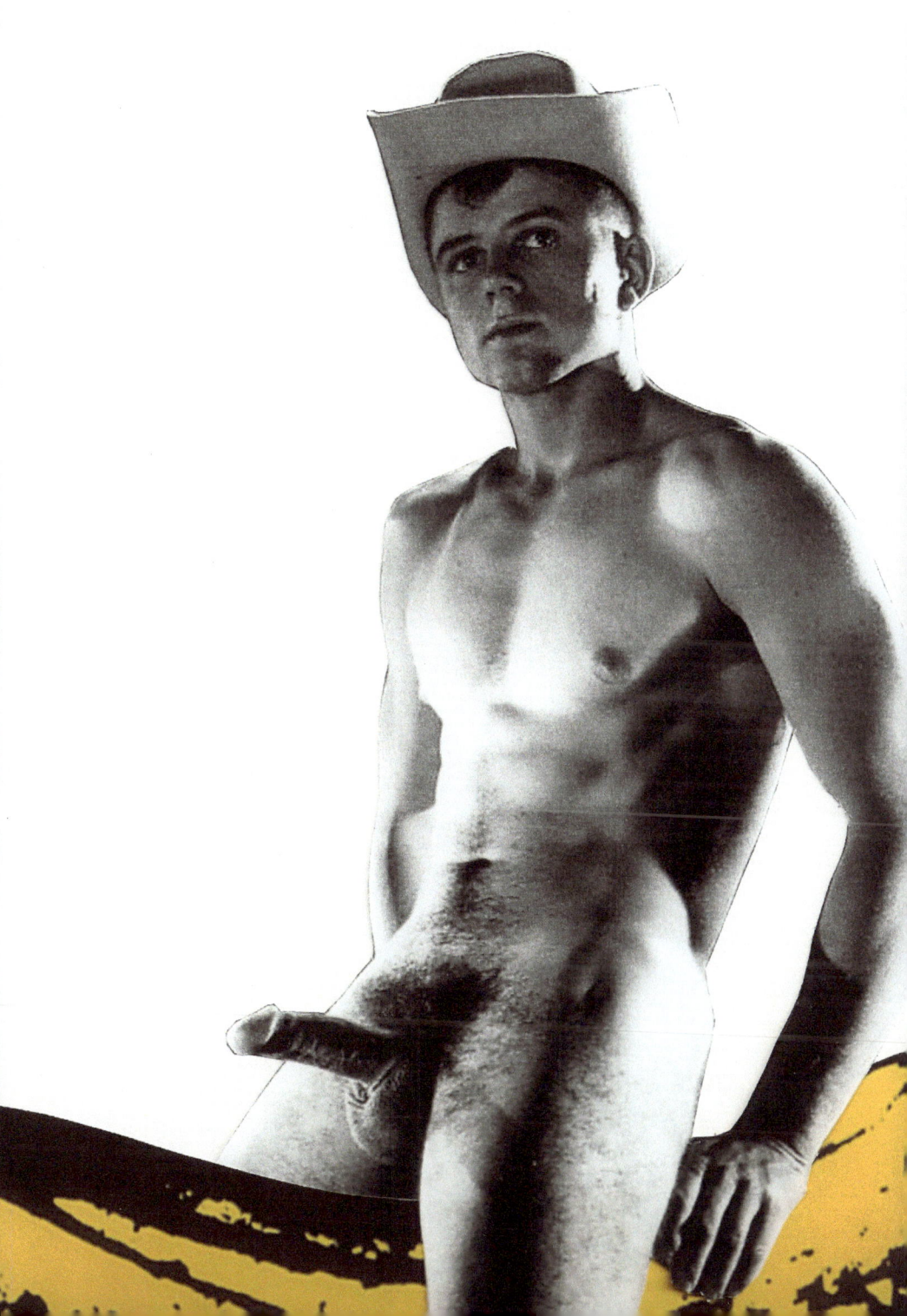

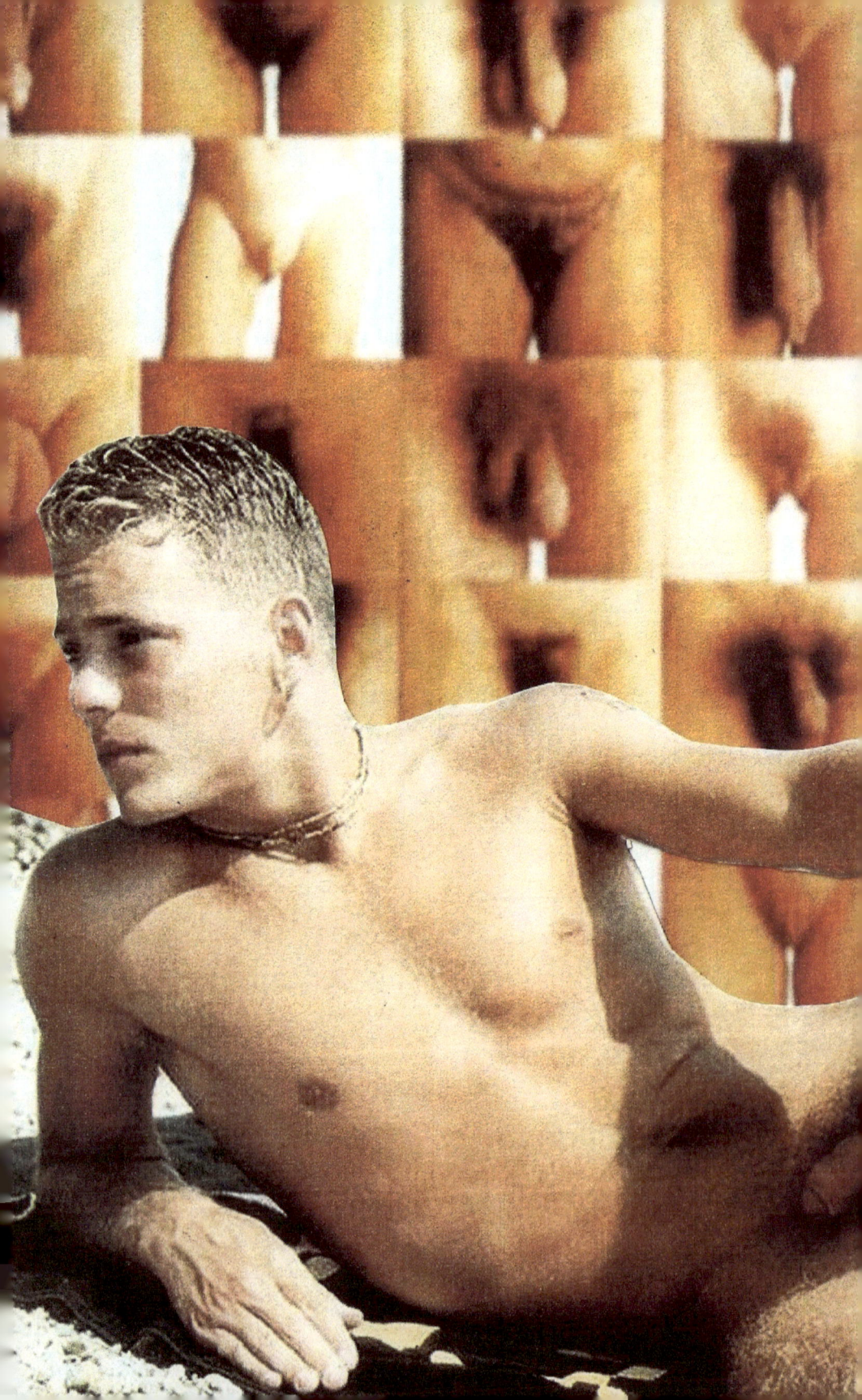

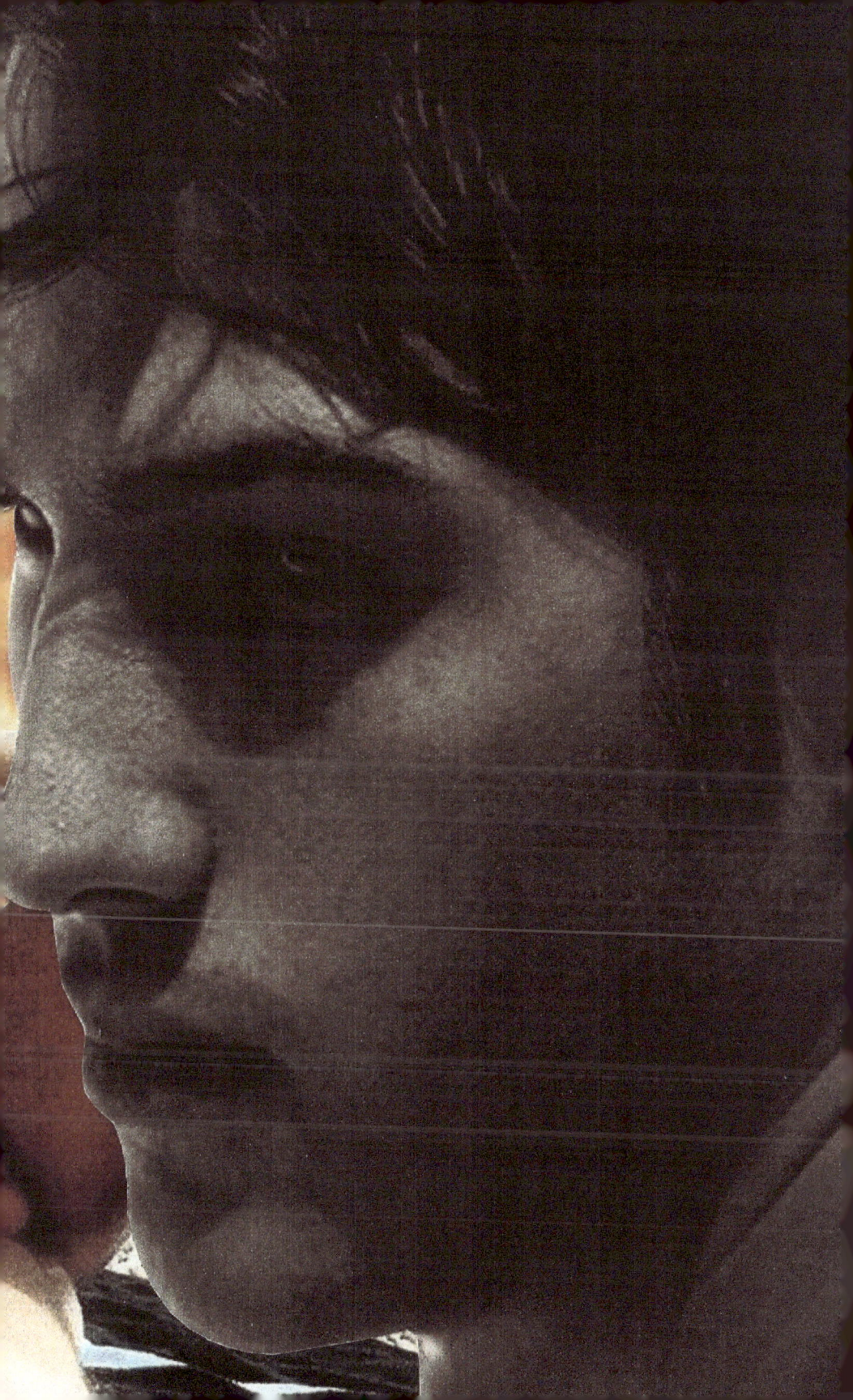

pàgina anterior
Els observadors
Collage sobre paper. 21x29cm 2011

página anterior
Los observadores
Collage sobre papel. 21x29cm 2011

previous page
Observers
Collage on paper. 21x29cm 2011

****

Clima corporal I
Doble transferència sobre paper. 29,7x21cm 2011

Clima corporal I
Doble transferencia sobre papel. 29,7x21cm 2011

Body temperature I
Double transfer on paper. 29,7x 21cm 2011

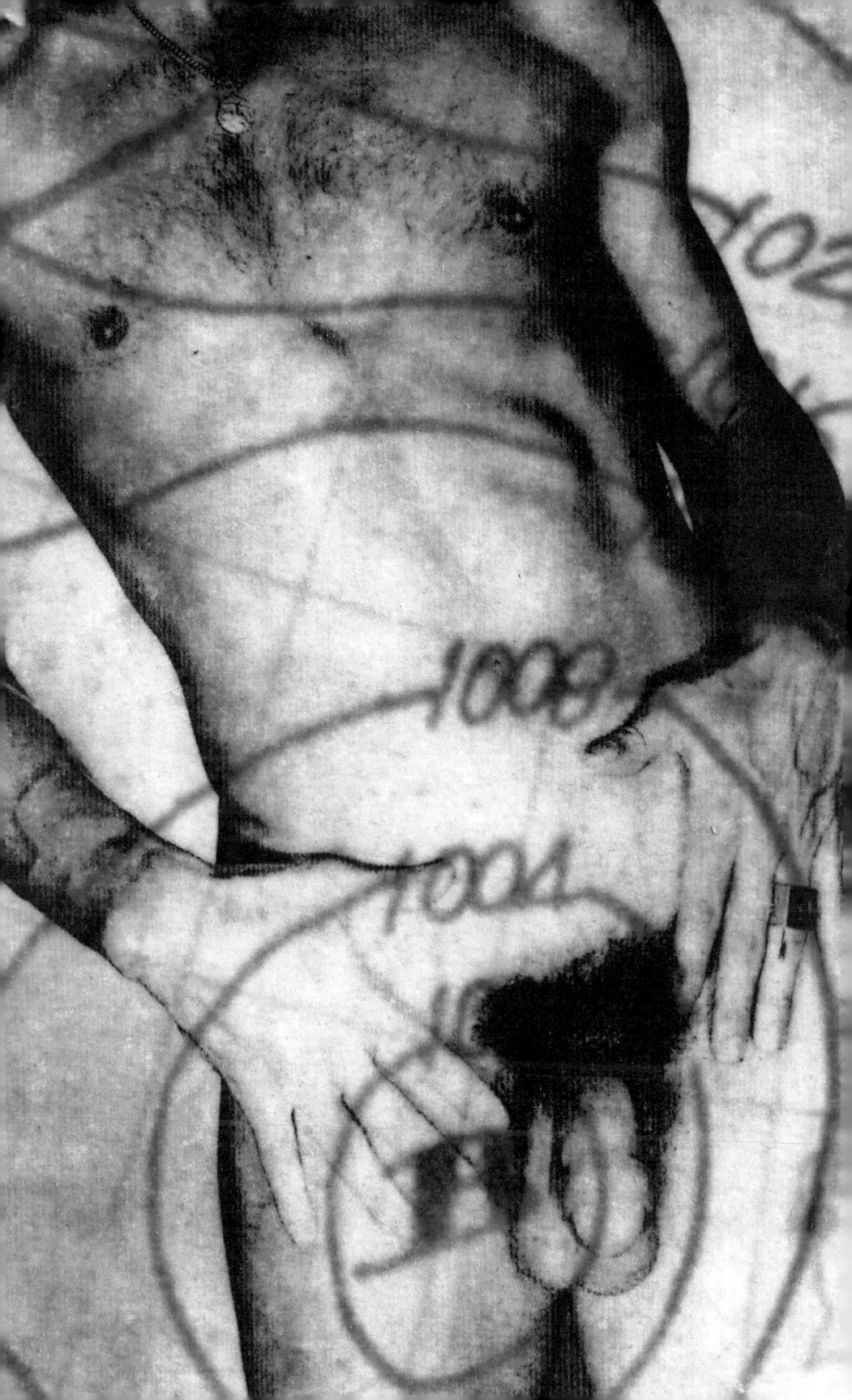

Clima corporal II
Doble transferència sobre paper. 29,7x21cm 2011

Clima corporal II
Doble transferencia sobre papel. 29,7x21cm 2011

Body temperature II
Double transfer on paper. 29,7x 21cm 2011

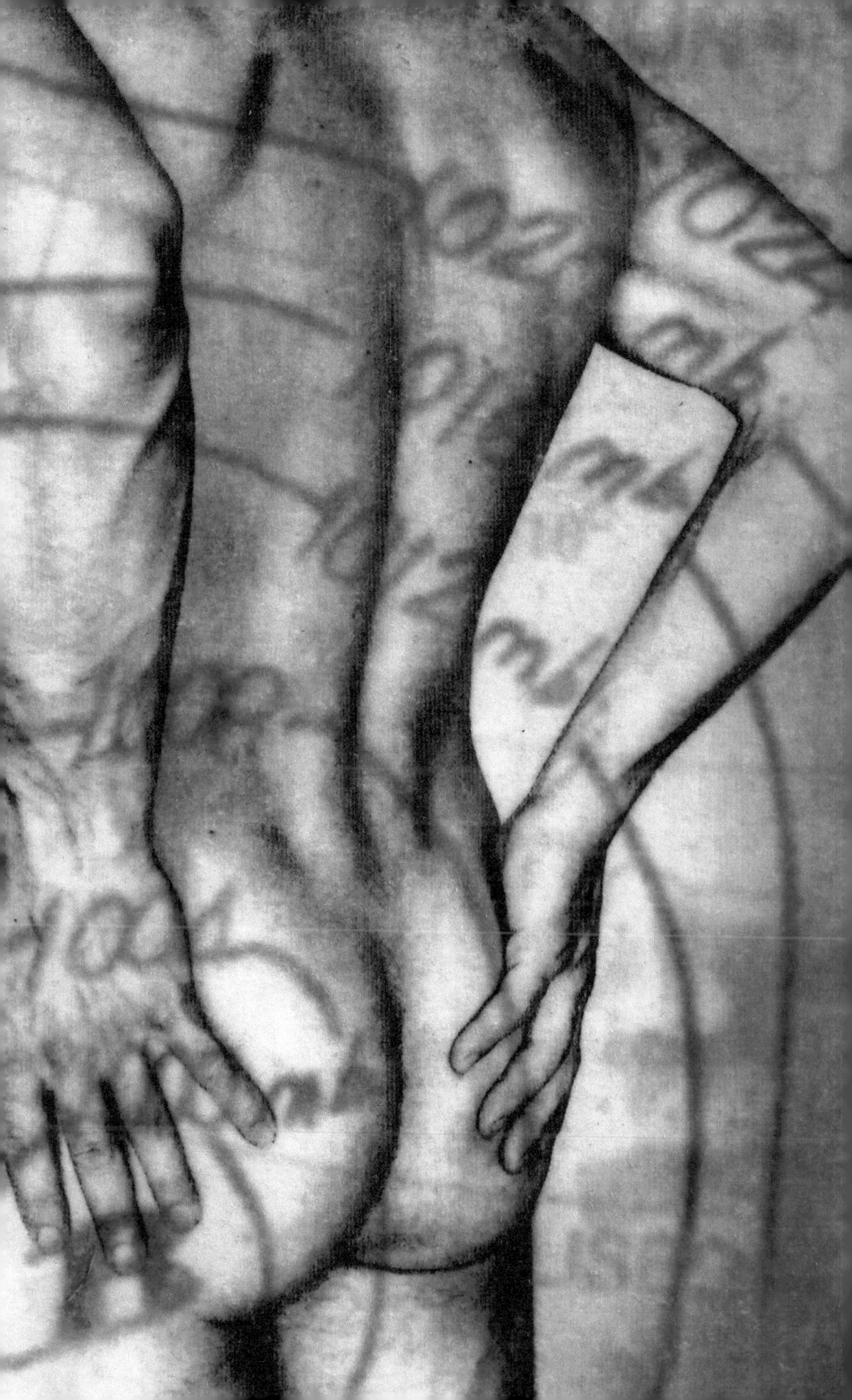

Xucla xupa chups
Collage sobre paper. 2015

Chupa chupa chups
Collage sobre papel. 2015

Suck chupa chups
Collage on paper. 2015

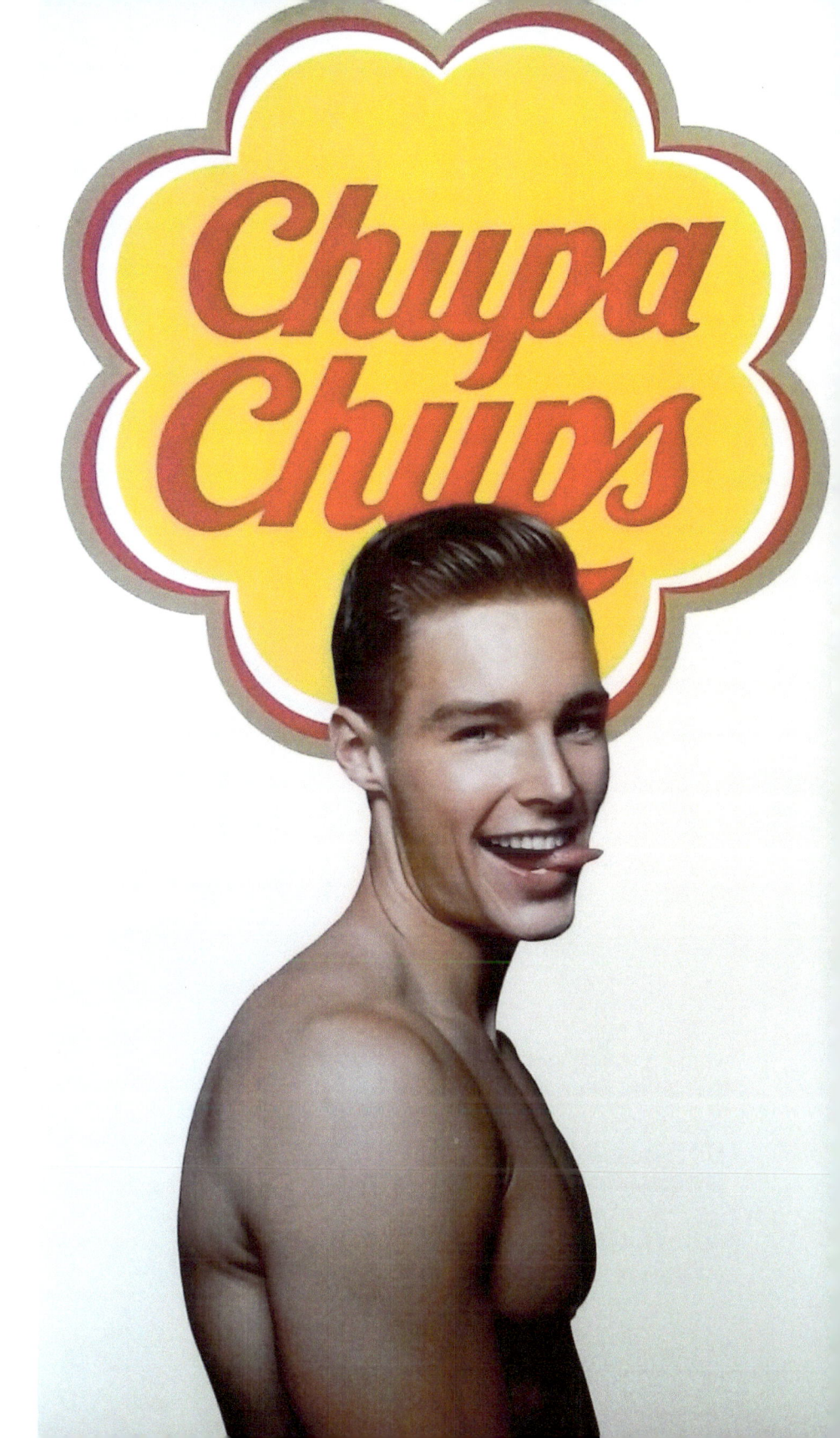

L'altre costat de la porta
Collage sobre paper. 29,7x21cm 2015

El otro lado de la puerta
Collage sobre papel. 29,7x21cm 2015

Behind the door
Collage on paper. 29,7x21cm 2015

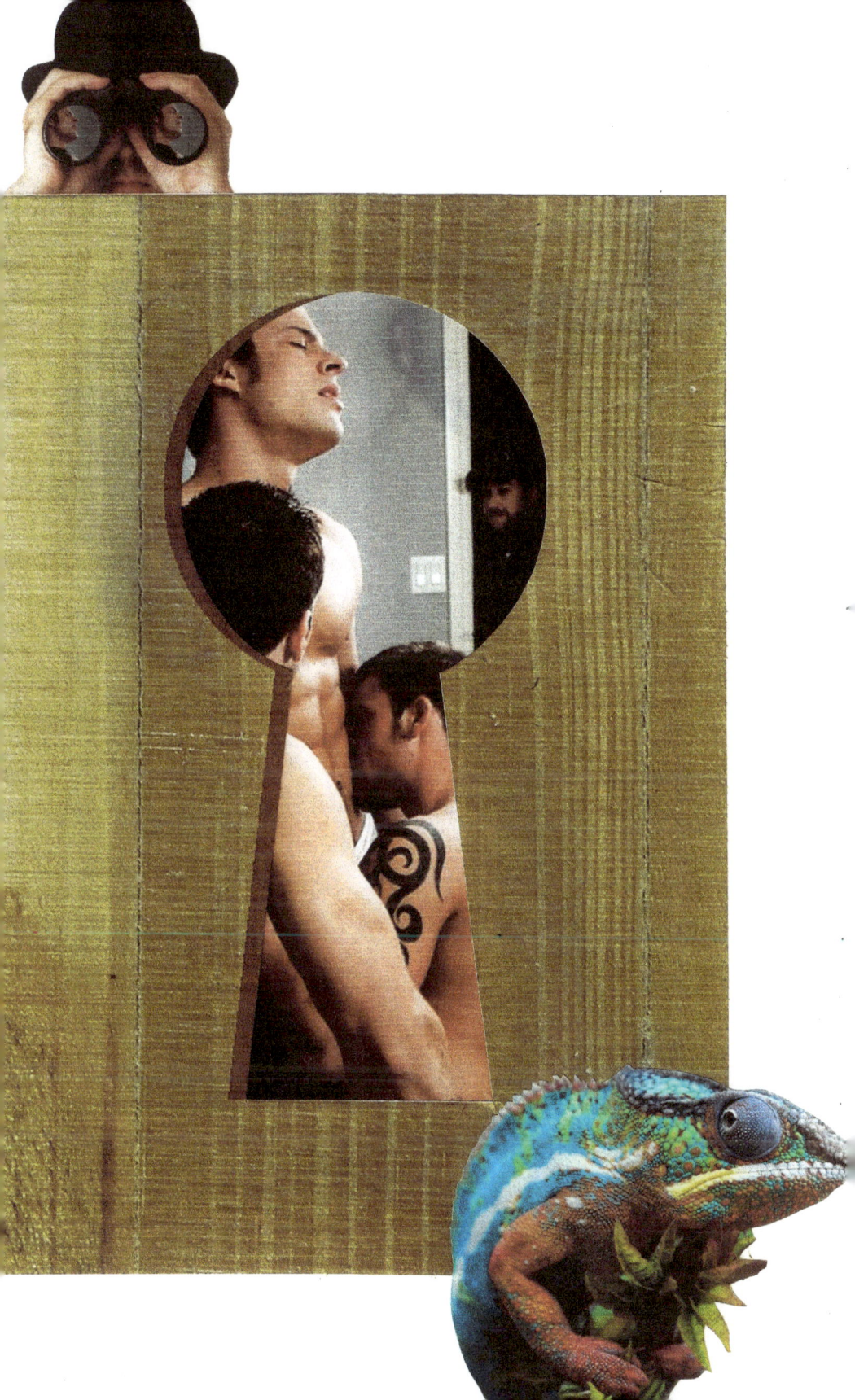

Preludi
Collage sobre paper. 29,7x19cm 2015

Preludio
Collage sobre papel. 29,7x19cm 2015

Prelude
Collage on paper. 29,7x19cm 2015

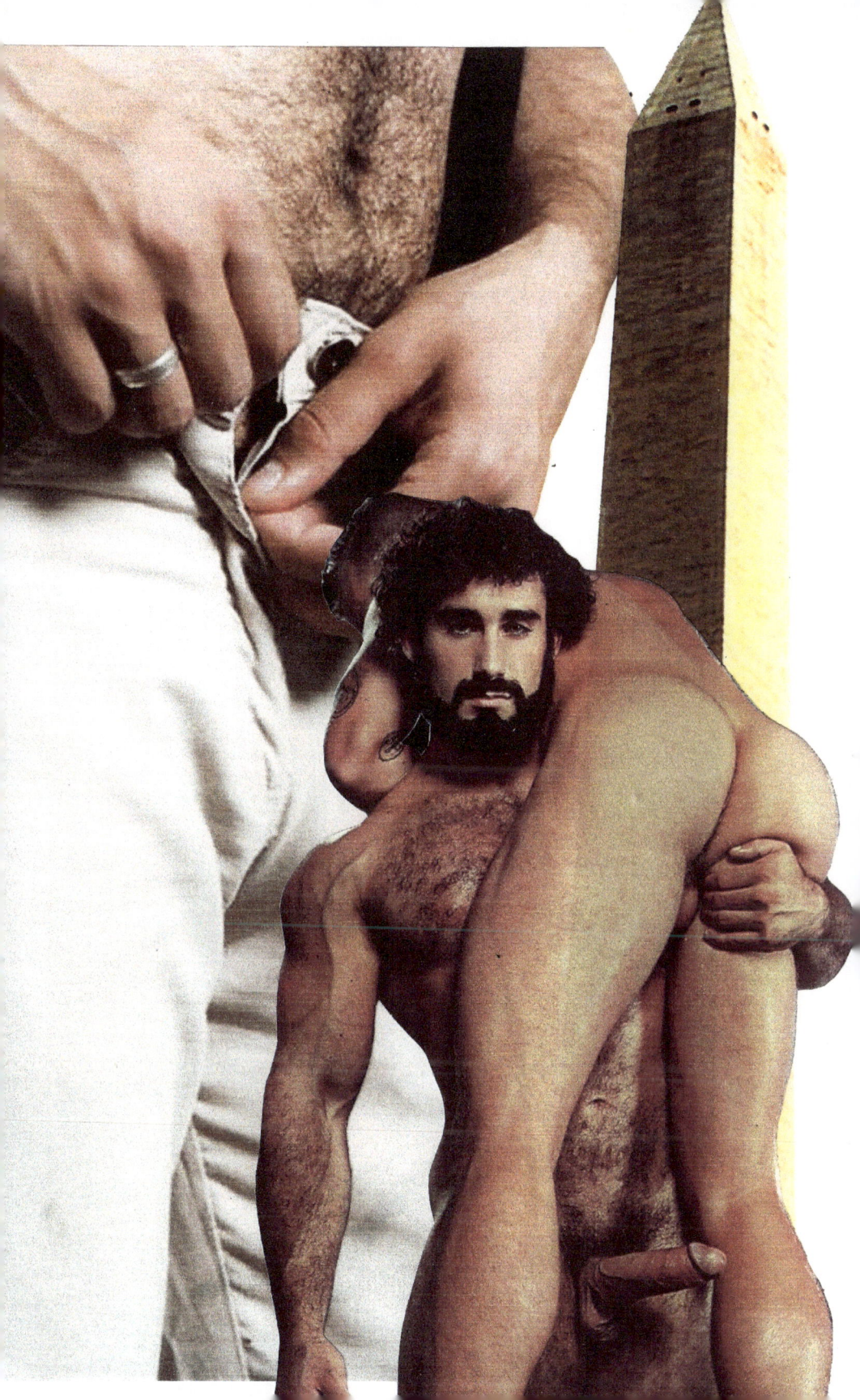

Beba Coca-Cola
Collage sobre paper. 28x21cm 2015

Beba Coca-Cola
Collage sobre papel. 28x21cm 2015

Drink Coca-Cola
Collage on paper. 28x21cm 2015

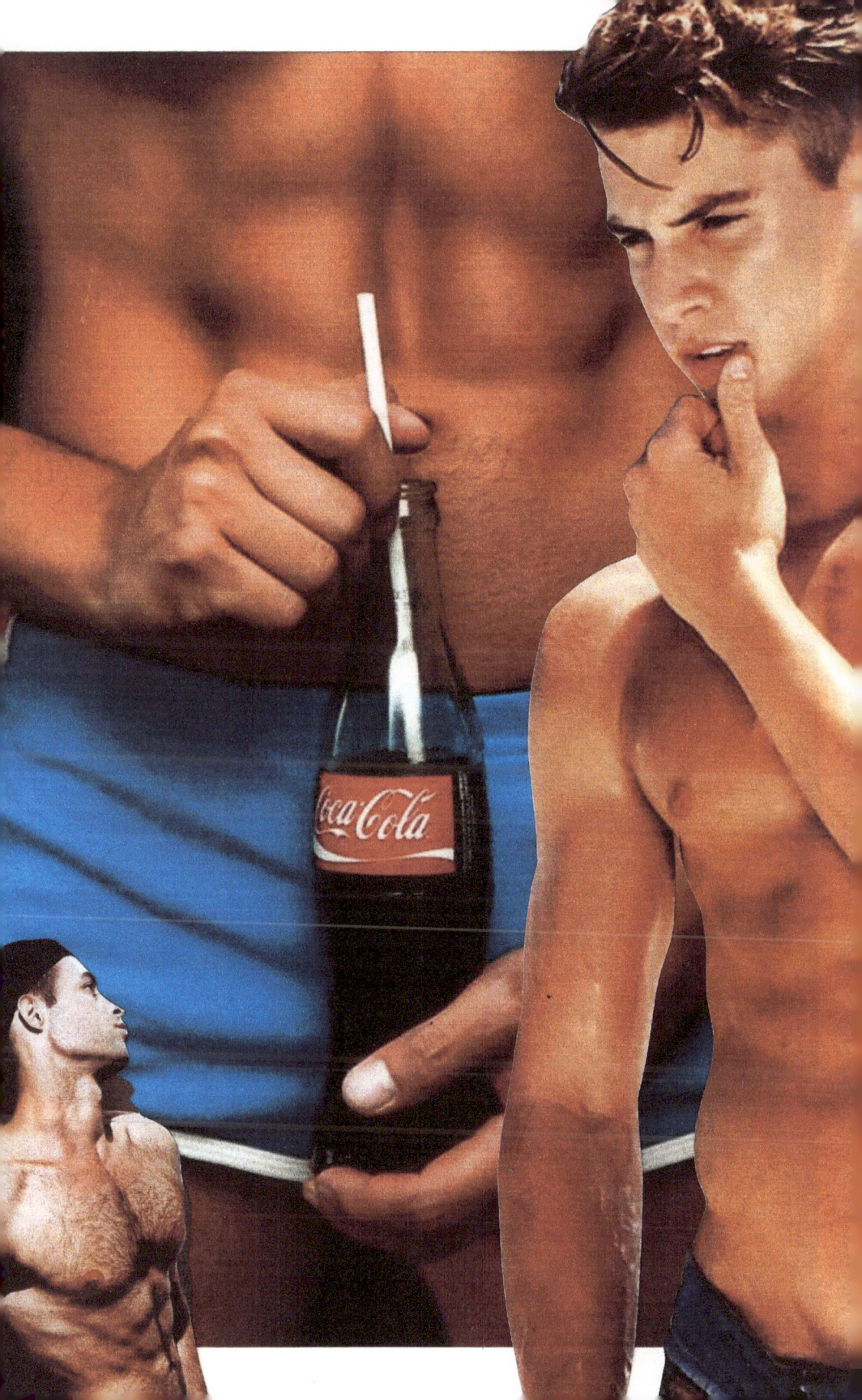

Monarquia espanyola
Collage sobre paper. 28x18,5cm 2015

Monarquía española
Collage sobre papel. 28x18,5cm 2015

Spanish monarchy
Collage on paper. 28x18,5cm 2015

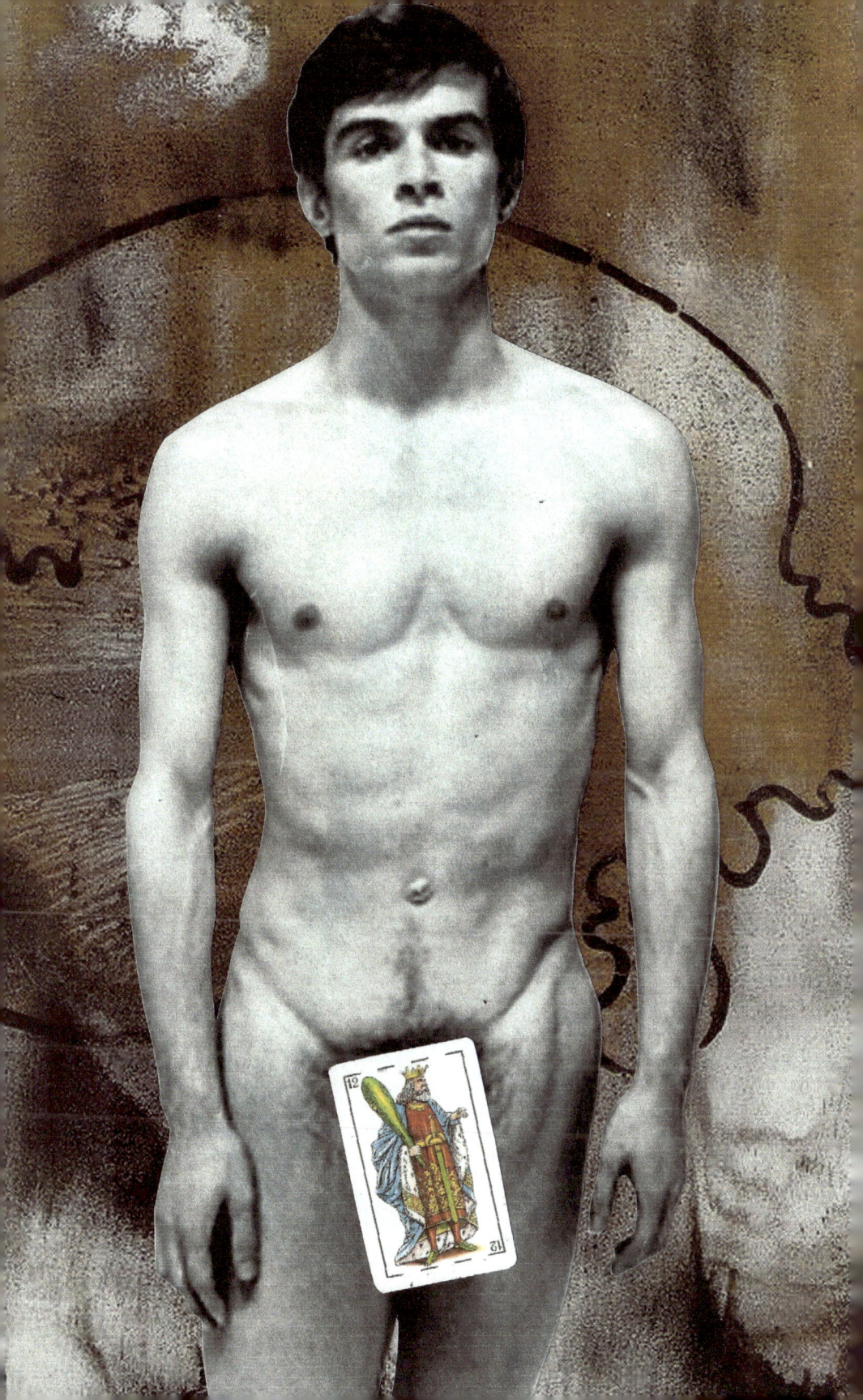

Bones vistes
Collage sobre paper. 29,7x21cm 2015

Buenas vistas
Collage sobre papel. 29,7x21cm 2015

Good views
Collage on paper. 29,7x21cm 2015

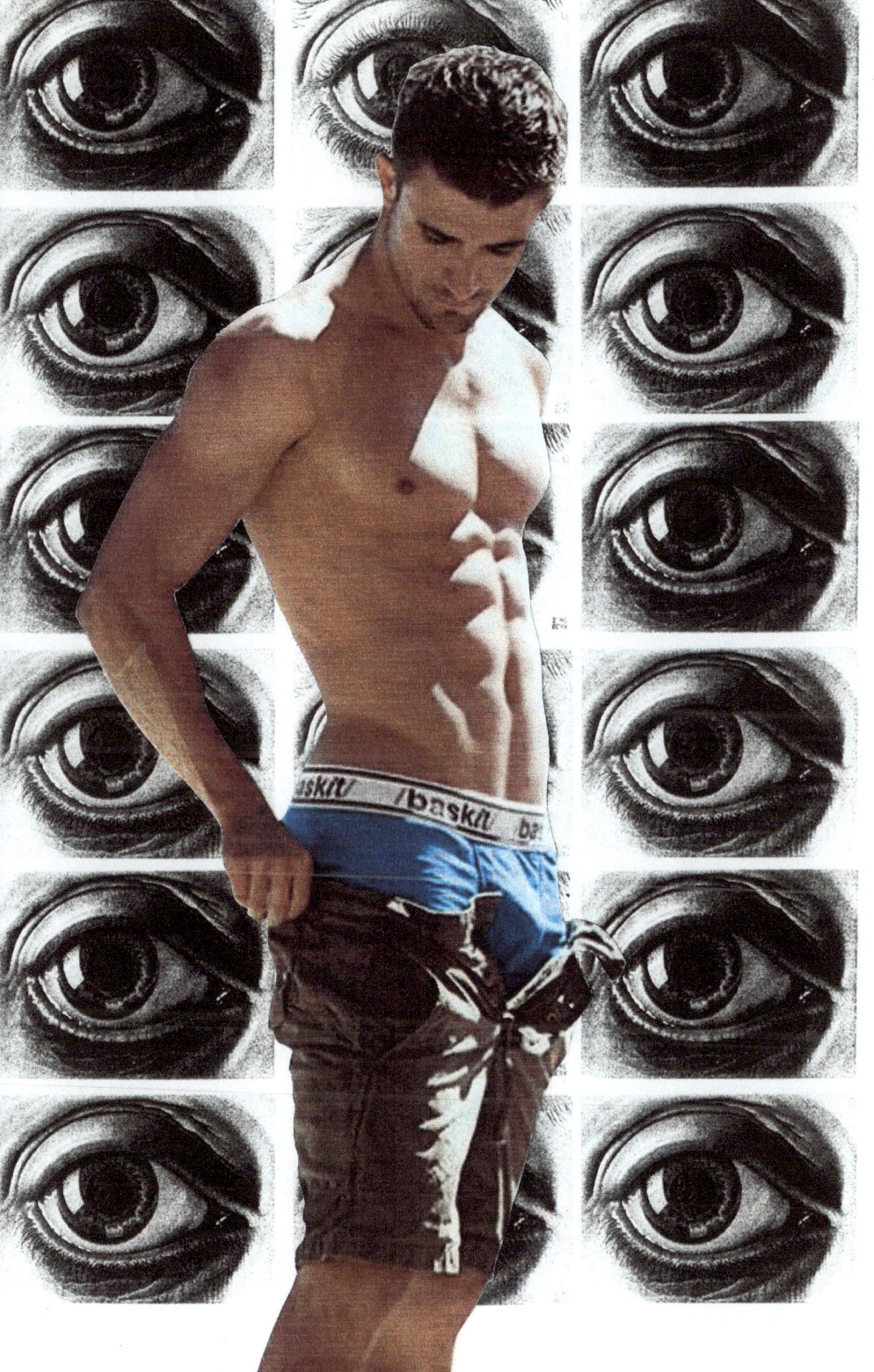

"Chiquita"
Collage sobre paper. 2015

"Chiquita"
Collage sobre papel. 2015

"Chiquita"
Collage on paper. 2015

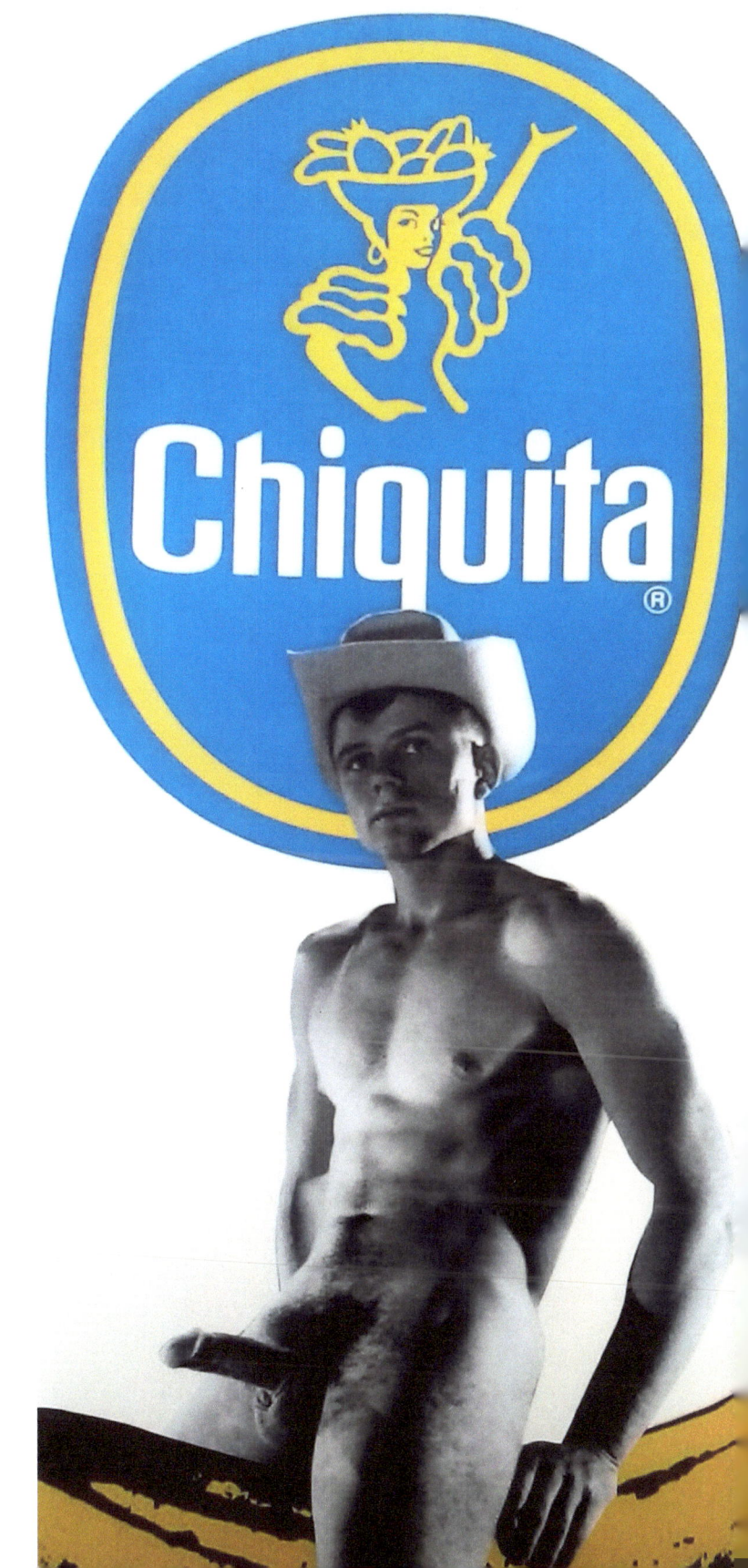

Boy road
Collage sobre paper. 29,7x21cm 2015

Boy road
Collage sobre papel. 29,7x21cm 2015

Boy road
Collage on paper. 29,7x21cm 2015

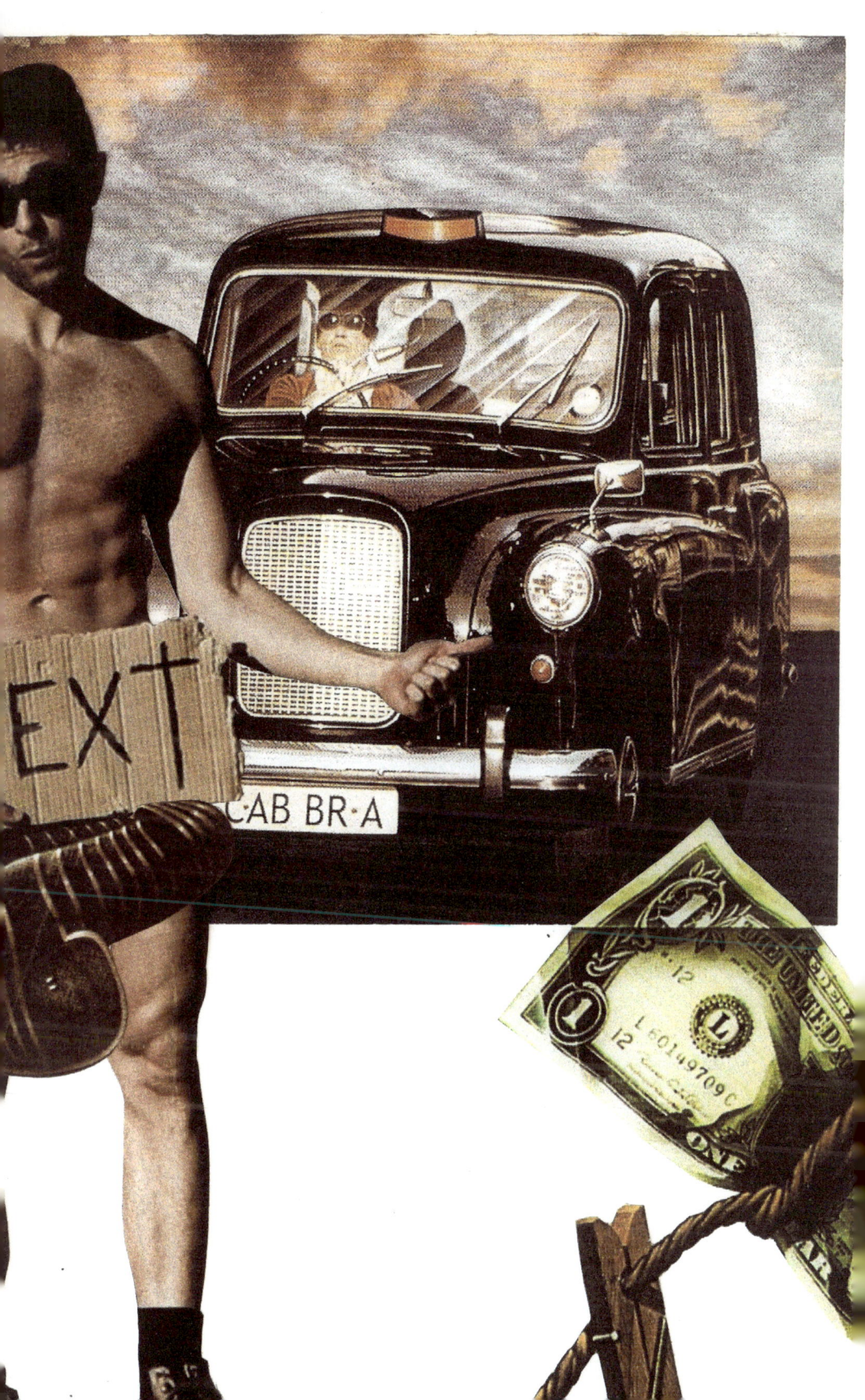

Símil
Collage sobre paper. 29,7x21cm 2015

Símil
Collage sobre papel. 29,7x21cm 2015

Similar
Collage on paper. 29,7x21cm 2015

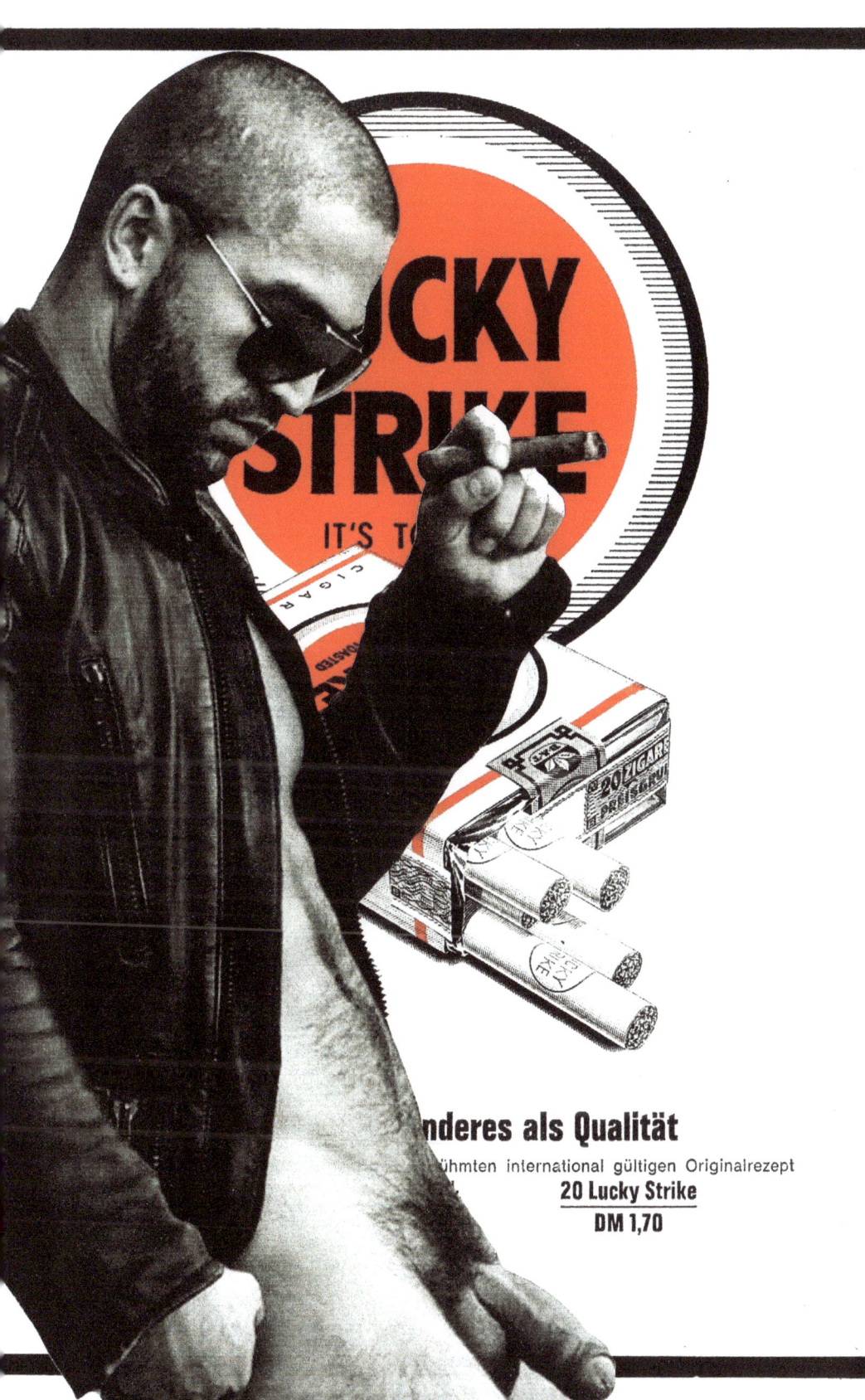

Estiu
Collage sobre paper. 2015

Verano
Collage sobre papel. 2015

Summer
Collage on paper. 2015

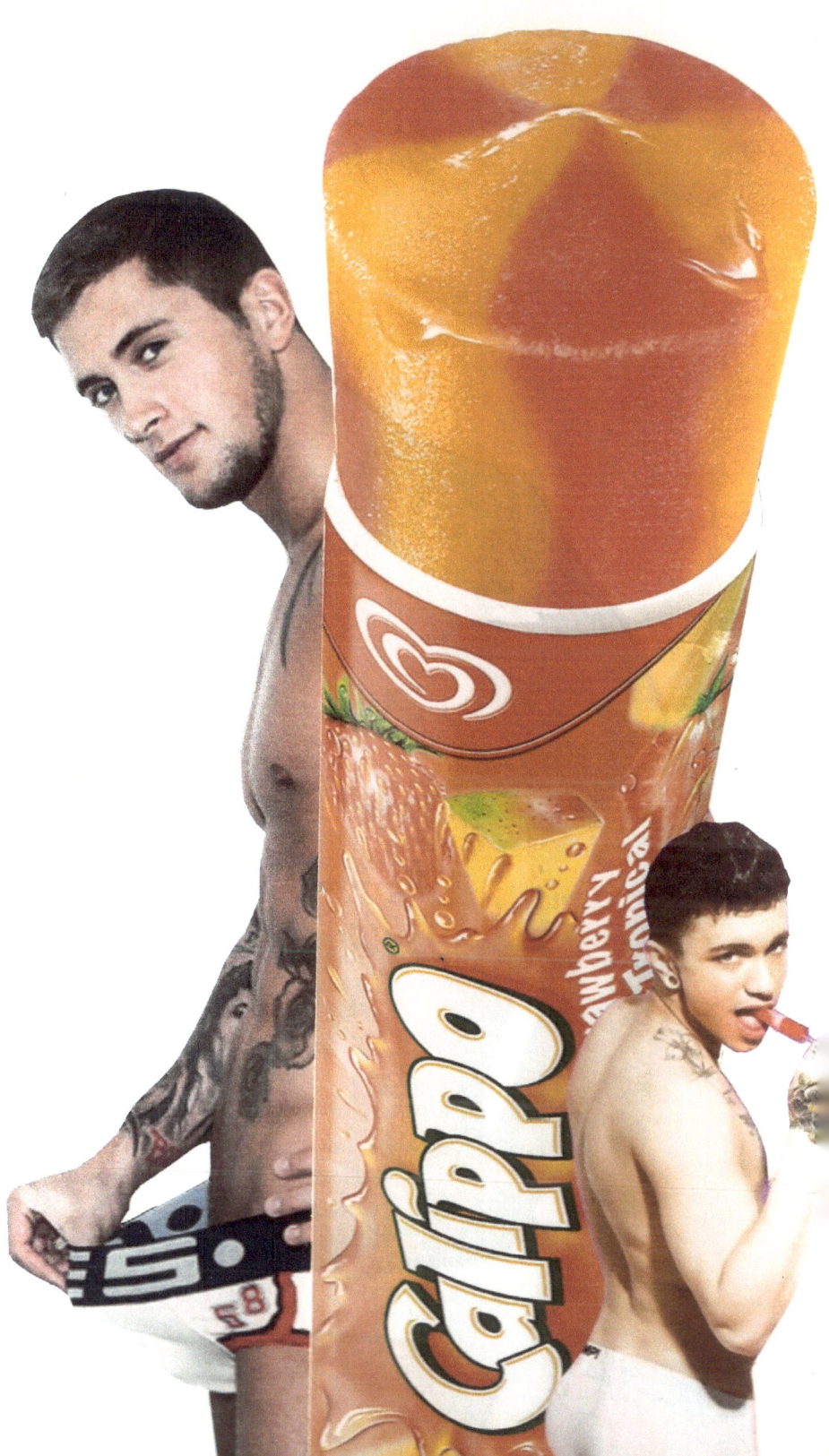

Canvi de divises
Collage sobre paper. 29,7x21cm 2015

Cambio de divisas
Collage sobre papel. 29,7x21cm 2015

Money change
Collage on paper. 29,7x21cm 2015

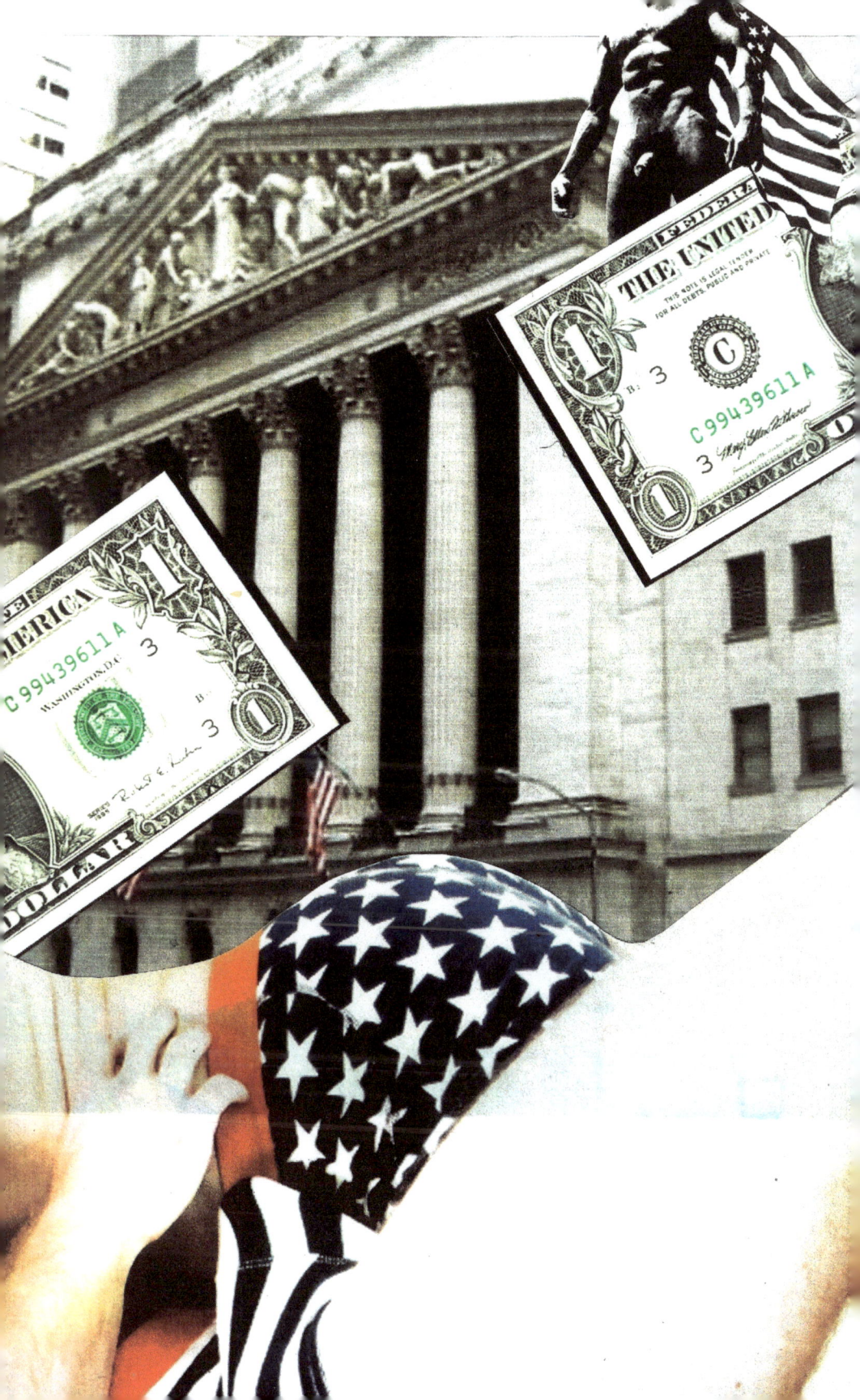

Turisme sexual
Collage sobre paper. 2015

Turismo sexual
Collage sobre papel. 2015

Sex tourist
Collage on paper. 2015

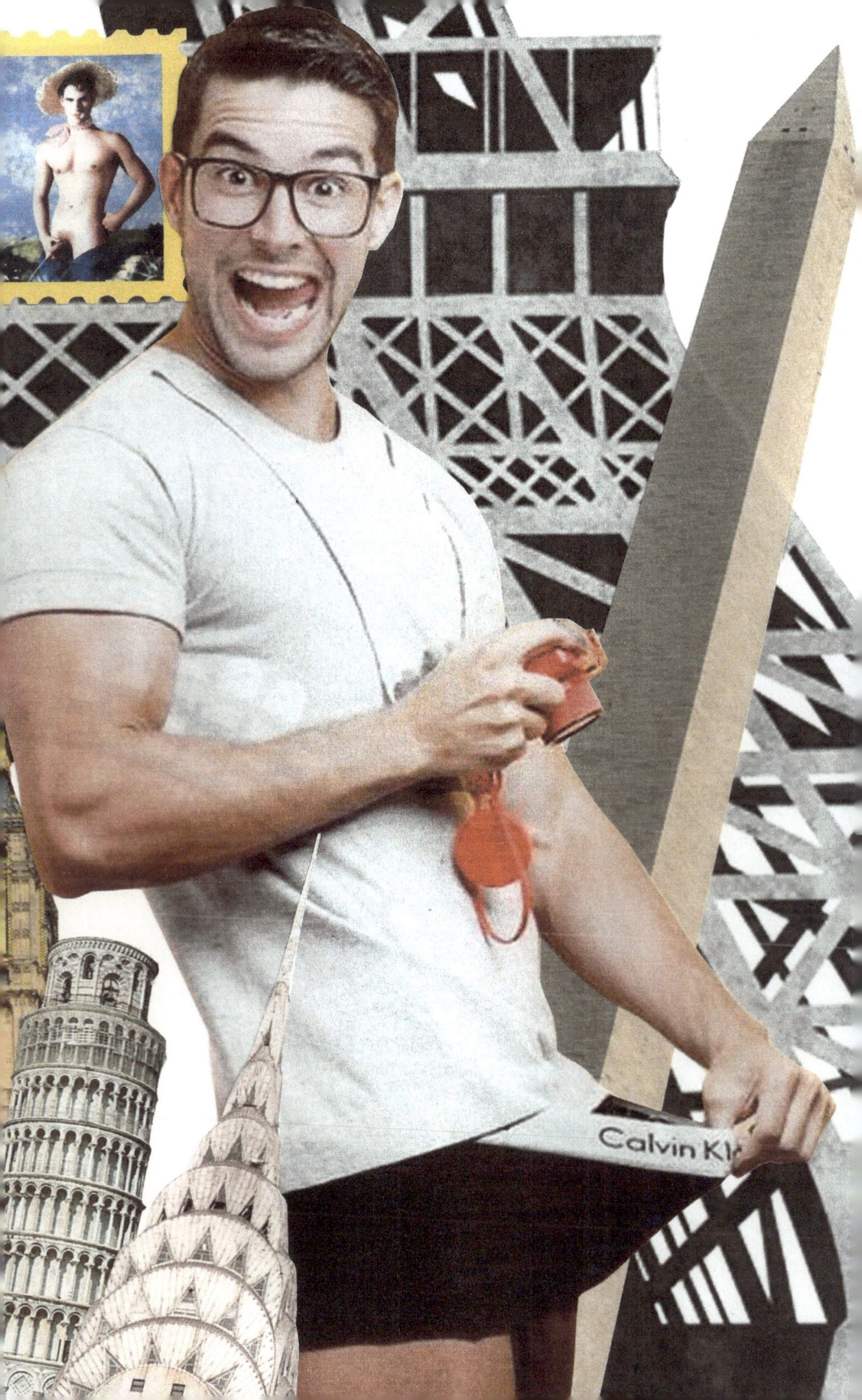

Fal·locràcia
Collage sobre paper. 2015

Falocracia
Collage sobre papel. 2015

Phaluscracy
Collage on paper. 2015

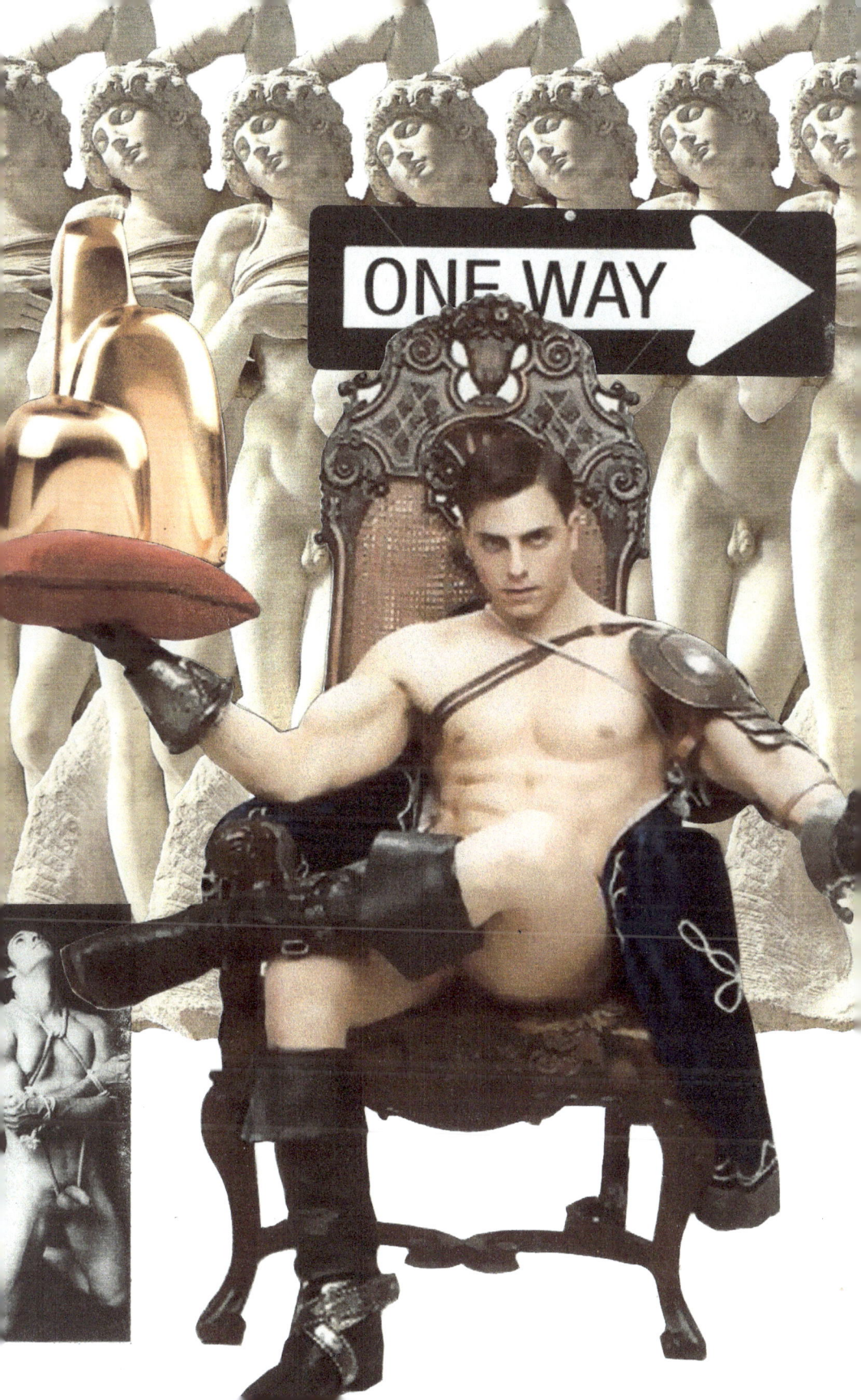

Marca "Espanya"
Collage sobre paper. 2015

Marca "España"
Collage sobre papel. 2015

Marca "España"
Collage on paper. 2015

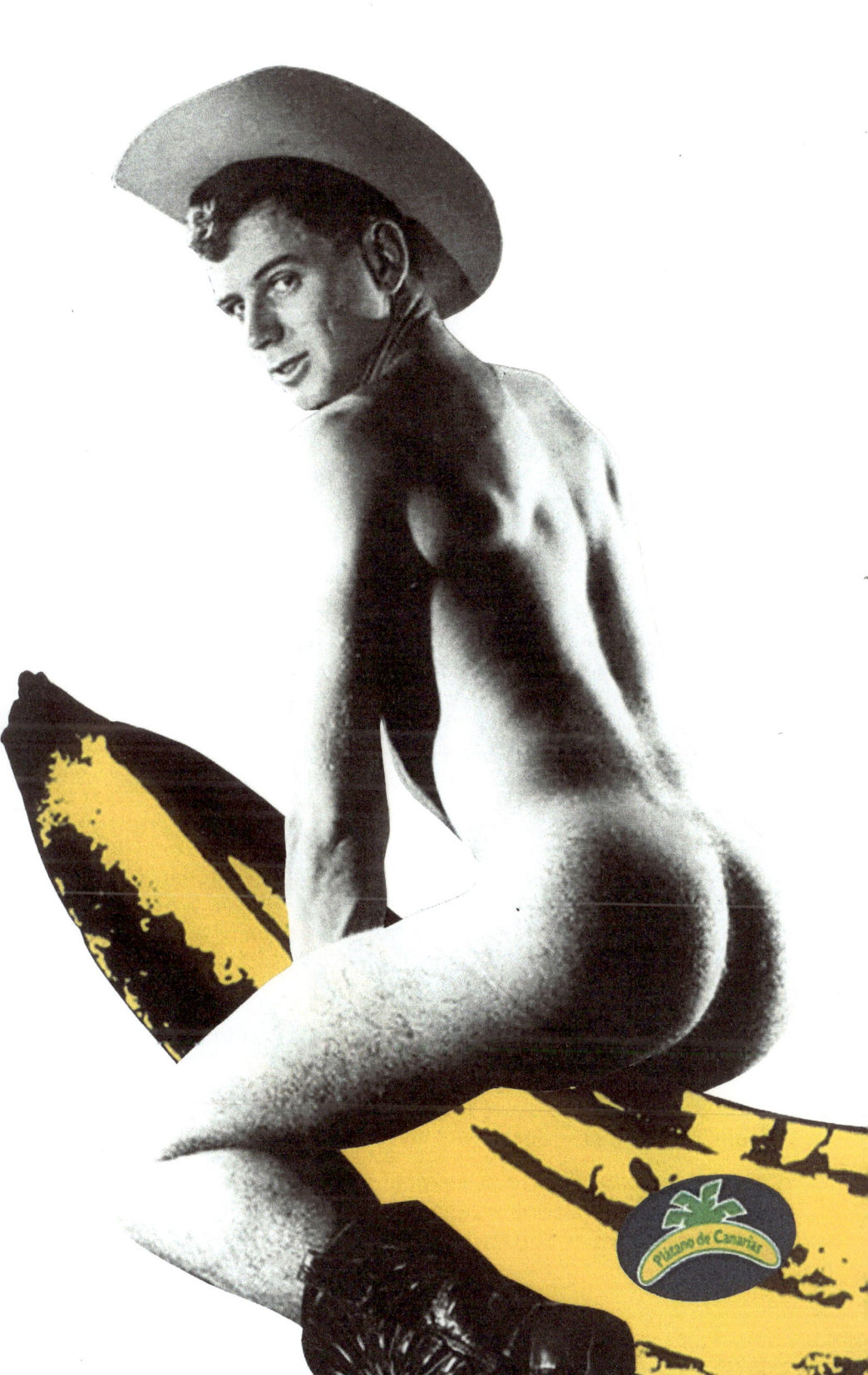

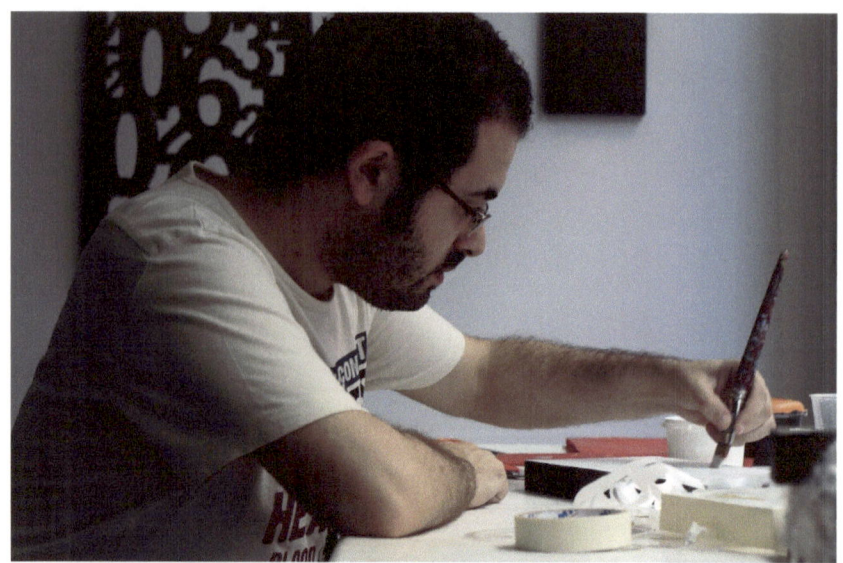

Rubén Fresneda pintando en la Galería Espacio. Valencia 2014

Rubén Fresneda Romera (Alcoi, 1988)
rubfrero@hotmail.com
www.rfresneda.wordpress.com
tel. (+34) 627832741

Formació acadèmica/Formación académica/academic studies
2011. Licenciado en Bellas Artes por la Universidad Politécnica de Valencia (UPV).

Formació complementària/Formación complementaria/ subsidiary studies
2009. *La mesa redonda abstraccions*. Departamento de pintura, Facultad de Bellas Artes de San Carlos (UPV).

· Seminario *Fotografía, figura e imagen. La experiencia de los cuatro temperamentos*. Departamento de pintura, Facultad de Bellas Artes de San Carlos, UPV.

2008. *Conferencias sobre la arquitectura y De Chirico*. Instituto de Ciencias de la Educación, UPV.

· *II Jornadas de diseño. La rebelión de los objetos: Paco Bascuñán e Isidro Ferrer*. Departamento de dibujo, Facultad de Bellas Artes de San Carlos, UPV.

· *III Seminario La voz en la mirada*. Departamento de pintura, Facultad de Bellas Artes de San Carlos, UPV.

2007. *II Seminario La voz en la mirada*. Departament de Pintura, Facultad de Bellas Artes de San Carlos, UPV.

Exposicions individuals/Exposiciones individuales/Solo exhibitions
2015. *Alfanumerics*. Centro de Juventud Campoamor, Concejalía de Juventud del Ayuntamiento de Valencia.

2014. *Alfanumèrics*. Espai d'Art Arpella, Concejalía de Cultura del Ayuntamiento de Muro de Alcoy.

· *Alfanumèrics*. Centre Cultural Ovidi Montllor, Alcoy.

· *Alfanumerics*. Galería Espacio, Valencia.

2013. *Gradaciones de lo cotidiano (The End)*. Centre Cívic Antic Sanatori, Concejalía de Cultura de Sagunto.

· *Gradaciones de lo cotidiano 2*. Ateneo Mercantil de Valencia.

· *Painting&flavour (Selection)*. Sala Matisse, Valencia.

· *Painting&flavour*. Librería-café Chico Ostra, Valencia.

2012. *Daily Colours*. Seguros La Unión Alcoyana, Alcoy.

· *Natural things.* Escuela Politécnica Superior, Campus de Alcoy, UPV.

· *Frequent colours*. Escuela Técnica Superior de Ingeniería Informática, Campus de Vera, UPV.

2011. *Colors i sabors*. Art-Té, Alcoy.

· *Gradaciones de lo cotidiano*. Centro de Juventud Campoamor, Valencia.

· *Simbolismos fálicos*. Café de la Seu, Valencia.

Exposicions col·lectives/Exposiciones colectivas/collective exhibitions
2015. *Art jove alcoià. Generació XXI (Homenatge a Ovidi Montllor)*. Centre Cultural Ovidi Montllor, Alcoy.

2013. *XIII Mostra d'Art d'Ací*. Espai d'Art Arpella, Concejalía de Cultura del Ayuntamiento de Muro de Alcoy.

· *Change Art*. Parking Gallery, Alicante.

2012. *El rostro, el otro*. Palau de la Música, Valencia.

2011. *De la Malvarrosa al papel*. Biblioteca María Moliner, Concejalía de Cultura del Ayuntamiento de Valencia.

· *Papers sonors*. Biblioteca María Moliner, Concejalía de Cultura del Ayuntamiento de Valencia.

· *Frente a la nueva realidad del VIH/SIDA, rompe tus prejuicios*. Itinerante: Valencia, Mislata, Sagunto.

· *Duchamp is here*. Centre Cultural Mario Silvestre, Concejalía de Cultura del Ayuntamiento de Alcoy.

· *Artificial, naturalmente*. Biblioteca Nova Al-Russafí, Concejalía de Cultura del Ayuntamiento de Valencia.

2010. *Pintura y medios de masas*. Biblioteca Eduard Escalante, Concejalía de Cultura del Ayuntamiento de Valencia.

· *New Art Only*. Centre Cultural Mario Silvestre, Concejalía de Cultura del Ayuntamiento de Alcoy.

2008. *Ante el VIH, tu actitud marca la diferencia*. Biblioteca Nova Al-Russafí, Concejalía de Cultura del Ayuntamiento de Valencia.

Llibres/Libros/Books
2013. Pintura, cuestiones y recursos. Rubén Fresneda. Ensayos[74], Ediciones[74]. ISBN: 978-1484146378

· Bienvenidos al paraíso. Rubén Fresneda. Narrativa[74], Ediciones[74]. ISBN: 978-1493737215

2011. Toc-toc. Edita Departamento de dibujo, Facultad de Bellas Artes de San Carlos, UPV. DL V-1985-2011

Ràdio-TV/Radio-TV/Radio-TV
2014
· 30/09/2014. Hora 14. Radio Alcoy Cadena Ser.
· 29/09/2014. Hora 14. Radio Alcoy Cadena Ser.
· 26/09/2014. Informativos mediodía. Cope Alcoy.

2013
· 27/05/2013. Informativo matinal. Telecinco, David Torres y Antonio Martínez.

· 05/03/2013. Entrevista en Hoy por Hoy Alcoy. Radio Alcoy Cadena Ser.

2012

· 20/11/2012. Informativos TV-A. Televisión de Alcoy.

· 20/09/2012. Entrevista en Hoy por Hoy Alcoy. Radio Alcoy Cadena Ser.

· 08/06/2012. Informativos mediodía. Cope Alcoy.

· 08/06/2012. Informativo matinal. Cope Alcoy.

· 08/06/2012. Entrevista en Informativos TV-A. Televisión de Alcoy.

Revistes/Revistas/Magazines
2015.

· Cinco propuestas heterogéneas para un nuevo ciclo expositivo. Gabriel Llácer. Práctico Magazine, marzo.

2014

· 14/06/2014. Alfanumerics: cuando los números hablan. Entretanto Magazine. Marta Rosella Gisbert Doménech.

· 12/06/2014. La exposición Alfanumerics, de Rubén Fresneda, cuerpo a cuerpo con el público. Entretanto magazine. Marta Rosella Gisbert Doménech.

· 08/06/2014. Alfanumerics: cuando los números hablan. Tipografía la moderna. Marta Rosella Gisbert Doménech.

· 01/06/2014. Agenda. Agenda Urbana.

· 02/05/2014. Simbolismos fálicos por Rubén Fresneda. Nos gustas Magazine LGTB.

· 08/02/2014. Simbolismos fálicos por Rubén Fresneda. D7Colores Magazine LGTB.

2013

· 01/05/2013. Exposiciones. Agenda Urbana.

· 01/03/2013. Gradaciones de lo cotidiano 2, de Rubén Fresneda. Revista del Ateneo Mercantil.

· 01/03/2013. Exposiciones. Agenda Urbana.

· 07/02/2013. Exposicions València. Tres mostres de Rubén Fresneda a València. Bonart, revista d'Art en Català.

· 01/02/2013. Exposiciones. Agenda Urbana.

2012
· 13/09/2012. Exposicions Alcoi. Daily Colours de Rubén Fresneda a Unió Alcoiana. Bonart, revista d'Art en Català.

· 06/06/2012. Exposicions Alcoi. Natural Things de Rubén Fresneda a EPSA. Bonart, revista d'Art en Català.

· 20/02/2012. Exposicions València. Oberta la mostra de Rubén Fresneda. Bonart, revista d'Art en Català.

2011
· 21/11/2011. Alcoi: El CDAVC interessat per la trajectòria de Rubén Fresneda. Bonart, revista d'Art en Català.

· 26/10/2011. Alcoi: Rubén Fresneda inaugura a la teteria Art-Té. Bonart, revista d'Art en Català.

Premsa/Prensa/Press
2015.
· 14/03/2015. Els alfanumèrics de Rubén Fresneda a València. Periódico El nostre. Llúcia Romero.

· 14/02/2015. Art jove amb l'Ovidi Montllor. Periódico El nostre. Llúcia Romero.

· 10/02/2015. Comença l'any Ovidi. Periódico El gratis. Redacción.

· 04/02/2015. Ovidi cumple 20 años de vacaciones. Diario Información. M. Vilaplana.

· 04/02/2015. Cinco artistas abren el nuevo ciclo expositivo. Pàgina66. Jorge Cloquell

· 03/02/2015. Una exposición colectiva abre el ciclo dedicado a Ovido Montllor. Diario Información. M. V.

· 03/02/2015. Hoy arranca un nuevo ciclo expositivo enmarcado en l'any Ovidi. Periódico El nostre. Marta Rosella Gisbert.

· 03/02/2015. Alcoi inaugura l'any Ovidi Montllor. Vilaweb. Redacción.

· 31/01/2015. Cultura plàstica com a opció per febrer. Aramultimèdia. Sheila García.

· 29/01/2015. Preparado el nuevo ciclo expositivo. Pàgina66. Redacción.

2014

· 08/12/2014. Rubén Fresneda inaugura Alfanumèrics a l'Espai d'Art Arpella. Diari La Veu del País Valencià.

· 06/12/2014. Rubén Fresneda inaugura Alfanumèrics a l'Espai d'Art Arpella. Diari Les Muntanyes.

· 04/12/2014. Rubén Fresneda inaugura Alfanumèrics a l'Espai d'Art Arpella. Pàgina66.

· 04/12/2014. Rubén Fresneda inaugura Alfanumèrics en el Espai d'Art Arpella. El periodic.

· 02/12/2014. Rubén Fresneda inaugura exposición en Muro. Periódico El Nostre.

· 30/09/2014. Maratón por las artes plásticas. Periódico El Nostre, Marta Rosella Gisbert Doménech.

· 30/09/2014. Fresneda, Merchán y Masanet estrenan un nuevo ciclo de exposiciones en Alcoy. Radio Alcoy Cadena Ser.

· 29/09/2014. El grafisme creatiu de Rubén Fresneda. Diari Les Muntanyes.

· 26/09/2014. Les exposicions de Merchán, Fresneda, Masanet i 100 artistes solidaris omplin els pròxims dos mesos les sales d'Alcoi. Aramultimèdia.

· 26/09/2014. Fresneda, Merchán y Masanet, en el nuevo ciclo de exposiciones. Pàgina66.

· 11/06/2014. El alcoyano Rubén Fresneda expone en Valencia. Diario Información. Marta Rosella Gisbert Doménech.

· 10/06/2014. Alfanumerics. Quan les xifres parlen. Aramultimèdia.

· 07/06/2014. Fresneda expone en Valencia. Periódico El Nostre. Marta Rosella Gisbert Doménech.

· 06/06/2014. Alfanumèrics de Rubén Fresneda a la Galeria Espacio, València. Diari La Veu del País Valencià.

• 05/06/2014. L'exposició itinerant del pintor alcoià Rubén Fresneda, Alfanumèrics, confirma tres dates a València. Aramultimèdia, Marta Rosella Gisbert Doménech.

2013

• 08/10/2013. Exposiciones de Rubén Fresneda en el puerto de Sagunto y Muro. Periódico El Nostre.

• 02/10/2013. Rubén Fresneda en Sagunto. Pàgina66.

• 27/09/2013. El pintor Rubén Fresneda expone su obra "Gradaciones de lo cotidiano". El periodic.

• 27/09/2013. El pintor Rubén Fresneda expone en el Centro Cívico de Sagunto su obra " Gradaciones de lo cotidiano". El periódico de aquí.

• 26/09/2013. Esta tarde se inaugura en el Centro Cívico la exposición "Gradaciones de lo cotidiano (The End)". Diario El Económico.

• 26/09/2013. Rubén Fresneda presenta hoy en el Port su exposición "Gradaciones de lo cotidiano. Diario Levante.

• 07/06/2013. 25 artistas eligen entre 500 propuestas. Diario Información. África Prado.

• 02/05/2013. Agenda. Diario Levante.

• 01/05/2013. Rubén Fresneda expone Gradaciones de lo cotidiano 2 en el Ateneo Mercantil. El Periodic.

• 30/04/2013. Rubén Fresneda estarà present a València. Pàgina66.

• 30/04/2013. La obra de Fresneda, en el Ateneu Mercantil. Periódico Ciudad de Alcoy.

• 07/02/2013. El pintor alcoyano, Rubén Fresneda presenta en febrero la primera de tres exposiciones individuales en Valencia. El periódico de aquí.

2012

• 22/09/2012. Daily Colours de Rubén Fresneda en la Unión Alcoyana. Periódico Ciudad de Alcoy.

• 19/09/2012. Colorit amb Rubén Fresneda. Pàgina66. Jorge Cloquell.

• 18/09/2012. Rubén Fresneda inaugura la exposición Daily Colours en la Unión Alcoyana.Periódico Ciudad de Alcoy.

• 15/09/2012. El Daily Colours de Rubén Fresneda a Alcoi. Pàgina66.

• 19/06/2012. Últimos días de la exposición de Rubén Fresneda. Periódico Ciudad de Alcoy.

• 15/06/2012. Natural things o com menjar-se un quadre abstracte. Aramultimèdia. Marta Rosella Gisbert Doménech.

• 07/06/2012. Fresneda y la fuerza del color. Periódico Ciudad de Alcoy.

• 06/06/2012. Rubén Fresneda exposa en la EPSA. Pàgina66.

• 07/02/2012. Rubén Fresneda presenta a València Frequent Colours. Pàgina66. Jorge Cloquell.

2011

• 22/11/2011. CDAVC s'ha interessat per Rubén Fresneda. Pàgina66.

• 04/11/2011. Colors i Sabors. Pàgina66. Jorge Cloquell.

• 28/10/2011. Agenda. Diario Levante.

• 27/10/2011. Rubén Fresneda y las gradaciones de lo cotidiano en el Centro de Juventud Campoamor de Valencia. Diario Globedia. Javier Mesa Reig.

• 14/10/2011. Agenda. Diario Levante.

• 13/10/2011. El alcoyano Rubén Fresneda expone en Valencia. Diario Información.

• 13/10/2011. Agenda. Diario Levante.

• 11/10/2011. Rubén Fresneda inaugura a València. Pàgina66, Ramón Requena.

• 10/10/2011. La sala de exposiciones de Campoamor acoge una nueva exposlción. El periodic.

• 23/09/2011. Agenda. Diario Levante.

• 03/09/2011. Agenda. Diario Levante.

• 20/03/2011. Mundos plásticos. Periódico Ciudad de Alcoy. J. Seguí

- 05/03/2011. Suma de propuestas creativas. Periódico Ciudad de Alcoy. J. Seguí.

- 04/03/2011. Exposició i performance en el Centre Cultural. Pàgina66.

- 03/03/2011. Performance i avantguarda sorprenen al Centre Cultural. Aramultimèdia.

- 03/03/2011. Exposición con performance inaugural en el centre cultural. Periódico Ciudad de Alcoy.

- 27/02/2011. Cantidad de música y teatro. Periódico Ciudad de Alcoy. J. Seguí.

- 13/02/2011. La escenografía y las artes plásticas. Periódico Ciudad de Alcoy. J. Seguí.

- 30/01/2011. Noticias del teatro. Periódico Ciudad de Alcoy. J. Seguí.

2010

- 12/12/2010. Todo es música. Periódico Ciudad de Alcoy. J.Seguí.

- 05/12/2010. Tiempos modernos. Periódico Ciudad de Alcoy. J. Seguí.

- 04/12/2010. Arte sin fronteras en el Centre Cultural. Periódico Ciudad de Alcoy. Ximo Llorens.

- 01/12/2010. Exposición de arte internacional y loca. Pàgina66. Rafa Cerdá.

- 30/11/2010. Inauguran una muestra de vanguardia internacional. Periódico Ciudad de Alcoy. Ximo Llorens.

- 28/11/2010. Teatre Calderón: Espectacular. Periódico Ciudad de Alcoy. J. Seguí.

- 21/11/2010. Final de año plástico. Periódico Ciudad de Alcoy. J. Seguí.

- 31/10/2010. Arte en el purgatorio. Periódico Ciudad de Alcoy. J. Seguí.

• 10/10/2010. Trabajo de artistas. Periódico Ciudad de Alcoy. J. Seguí.

• 08/10/2010. Arte que va, arte que viene. Periódico Ciudad de Alcoy. J. Seguí.

Obra en col·leccions/Obra en colecciones/art works in collections
Autorretrato
Acrílico sobre tabla. 100x50cm 2013. Colección Ayuntamiento de Muro de Alcoy.

Mauro Colomina Soler
Acrílico sobre tabla. 39x15cm 2013. Colección Mauro Colomina Soler, Alcoy.

Marta Rosella Gisbert Doménech
Acrílico sobre tabla. 39x15cm 2014. Colección Marta Rosella Gisbert Doménech, Alcoy.

Sense títol
Pintura vinílica sobre tabla. 29x21cm 2009. Colección Tomás Benet Ballester, Puerto de Sagunto.

El fruit del pecat
Óleo sobre lienzo. 29x21cm 2009. Colección Tomás Benet Ballester, Puerto de Sagunto.

Rafael Antonio Gordillo Santos.
Acrílico sobre tabla. 39x15cm 2014. Colección Rafa Gordillo, Alcoy.

Rafael Antonio Gordillo Santos
Acrílico sobre tabla. 39x15cm 2013. Colección Rafa Gordillo, Alcoy.

David II
Acrílico sobre lienzo. 60x50cm 2008. Colección Iris Verdejo, Ibi.

Dia de platja
Óleo sobre lienzo. 100x40cm 2011. Colección Iris Verdejo, Ibi.

Sense títol (amb l'aigua fins al coll)
Óleo sobre lienzo. 100x40cm 2011. Colección Iris Verdejo, Ibi.

Albergínia
Óleo sobre lienzo. 100x40cm 2011. Colección Iris Verdejo Mañogil, Ibi.

Les hores de la nit o Negra nit
Óleo sobre lienzo. 100x40cm 2011. Colección Juan Castellanos Campos, Ibi.

Les hores de la nit o Cau la nit I
Óleo sobre lienzo. 100x40cm 2011. Colección Juan Castellanos Campos, Ibi.

Flam
Óleo sobre lienzo. 100x40cm 2011. Colección Juan Castellanos Campos, Ibi.

Carles Vilaverde Bargues
Acrílico sobre tabla. 39x15cm 2013. Colección Carles Vilaverde Bargues, Valencia.

María Benet Ballester
Acrílico sobre tabla. 39x15cm 2014. Colección María Benet Ballester, Benetússer.

Les coses de l'èsser humà I
Collage sobre papel. 29.7x21cm 2011. Colección de Arte Contemporáneo Visible, Madrid.

Les coses de l'èsser humà II
Collage sobre papel. 29.7x21cm 2011. Colección de Arte Contemporáneo Visible, Madrid.

Autorretrat
Acrílico sobre tabla. 120x60cm 2013. Colección Diego Martínez, Benidorm.

La nit en rosa
Óleo sobre lienzo. 100x40cm 2012. Colección Ateneo Mercantil de Valencia.

Café bombón
Óleo sobre lienzo. 100x40cm 2010. Colección Tomás Benet Ballester, Puerto de Sagunto.

Vi negre
Óleo sobre lienzo. 100x40cm 2011. Colección Carles Vilaverde Bargues, Valencia.

Meló d'alger
Óleo sobre lienzo. 100x40cm 2010. Colección Sala Matisse, Valencia.

Marina Guijarro Campello
Acrílico sobre tabla. 39x15cm 2013. Colección Marina Guijarro Campello, Alicante.

Santos López Real
Acrílico sobre tabla. 39x15 cm 2013. Colección Santos López Real, Madrid.

Cau la nit II
Óleo sobre lienzo. 100x40cm 2011. Colección Kim Coleman-Cooper, Alcoy.

María José Pallarés Maiques
Acrílico sobre tabla. 39x15cm 2012. Colección Majo Pallarés, Alcoy.

Tomás Benet Ballester
Acrílico sobre tabla. 39x15 cm 2011. Colección Tomás Benet Ballester, Puerto de Sagunto.

Montserrat Pastor Arroyo
Acrílico sobre tabla. 39x15cm 2011. Colección Montserrat Pastor Arroyo, Alcoy.

Juan Castellanos Campos
Acrílico sobre tabla. 39x15cm 2011. Colección Juan Castellanos Campos, Ibi.

Jesús Muñoz Leirana
Acrílico sobre tabla. 39x15cm 2011. Colección Jesús Muñoz Leirana, Alcoy.

Iris Verdejo Mañogil
Acrílico sobre tabla. 39x15cm 2011. Colección Iris Verdejo, Ibi.

Iris Gutiérrez Company
Acrílico sobre tabla. 39x15cm 2011. Colección Iris Gutiérrez Company, Acoy.

Gegant nuct xafant la Catedral i l'Ajuntament de València
Colección José María Segura, Valencia.

Big banana's cowboy
Collage sobre papel. 50x70cm 2011. Colección Tomás Benet Ballester, Puerto de Sagunto.

Banana's cowboy
Collage sobre papel. 30x20cm 2011. Colección Arturo Vallés Bea, Valencia.

Retrat de Juan Castellanos Campos
Grafito sobre papel. 42x29.7cm 2007. Colección Juan Castellanos Campos, Ibi.

Retrat de Jesús Muñoz Leirana
Óleo sobre lienzo. 92x73cm 2011. Colección Jesús Muñoz Leirana, Alcoy.

Retrat d'Iris Gutiérrez Company
Óleo sobre lienzo. 92x73cm 2011. Colección Iris Gutiérrez Company, Alcoy.

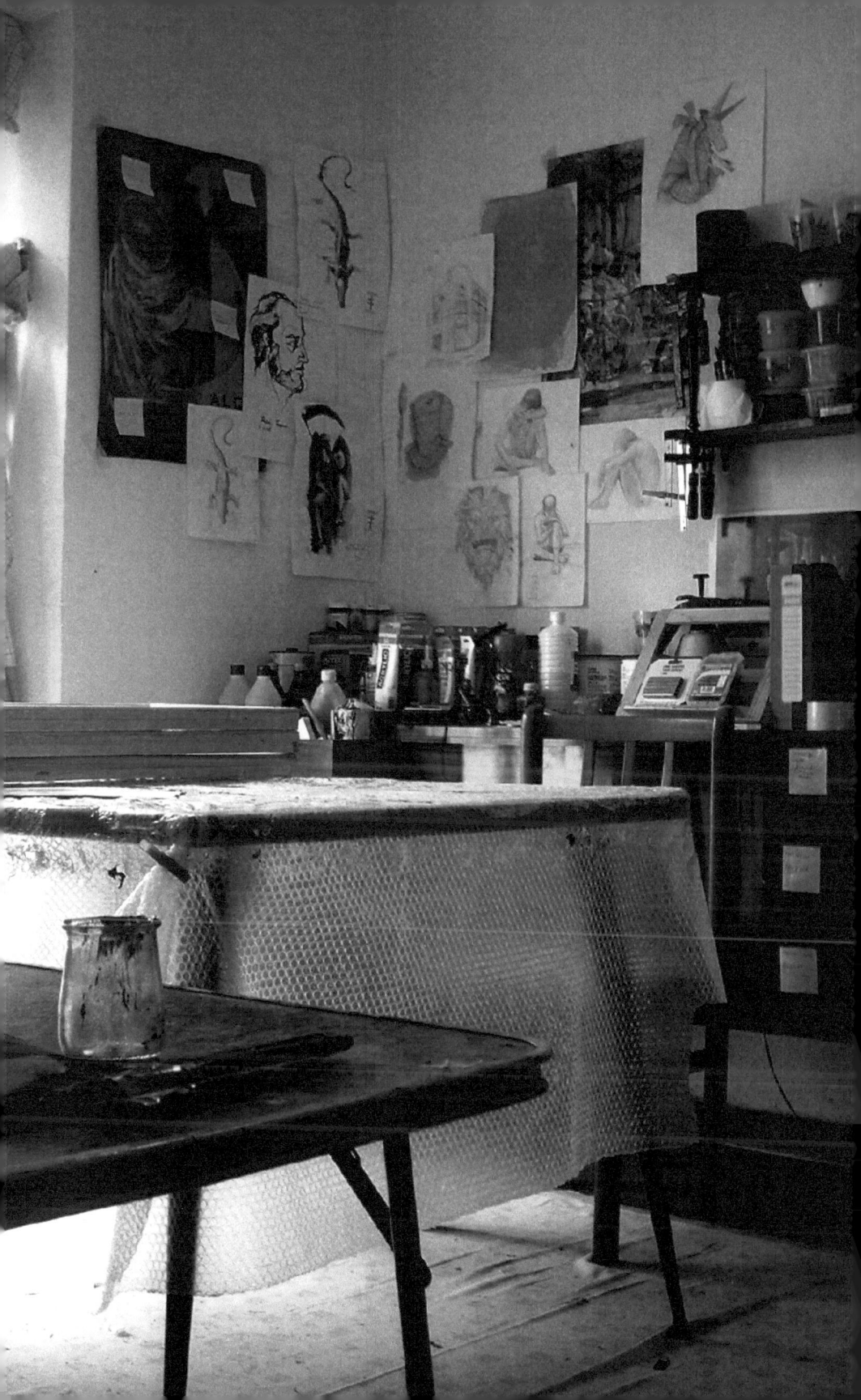

www.ingramcontent.com/pod-product-compliance
Lightning Source LLC
Chambersburg PA
CBHW040840180526
45159CB00001B/252